JN336544

泉谷 陽子 著

中国建国初期の政治と経済

大衆運動と社会主義体制

御茶の水書房

中国建国初期の政治と経済　目　次

目次

中国建国初期の政治と経済

序章　問題提起と先行研究

第一節　問題提起

一九五〇年代のあるいは第二次大戦後の東アジアの歴史を振り返る上で、最も重視しなければならない契機のひとつが、五〇年六月に勃発した朝鮮戦争である。アメリカと中国が参戦し、内戦から国際戦争へと拡大したことが、その後の東アジア情勢を大きく規定する要因となった。アメリカは戦争が始まるやただちに過剰な反応を示した。ソ連が後ろで糸を引く共産主義陣営の侵攻とみなしたからである。年初に発表したばかりの「台湾不干渉」声明をひるがえし、台湾海峡へ第七艦隊を出動させた。これは、中国側からみれば、内政干渉であり、そこにアメリカの中国侵略の意図をよみとった。一〇月、中国は参戦を決定し、アメリカと直接戦火を交えることになった。朝鮮戦争は半島内でのみ戦われた、限定戦争であったが、東アジア各国に与えた影響は決定的であった。アメリカは、戦争前の対中融和政策から封じ込め政策に転換し、中国の周辺国と安全保障・防衛条約を結んでいった。そうしたアメリカの戦略転換の中で、日本は経済復興をはたし、国際的な地位を回復し、さらには再軍備への道を歩みはじめる。台湾はアメリカの戦略によって、中国から切り離され、現在にいたるも解決困難な「台湾問題」が発生した。戦場となった朝鮮半島では、南北分断が確定し、軍事的緊張を背景に、南では独裁体制が、北では社会主義体制が構築されていった。このように、朝鮮戦争とその拡大が、その後約二〇年にわたる米中対立を軸とした冷戦構造を、さらには現在の東アジア情勢の基本的構造をも決定づけることになったのである。その後、中国は、七〇年代末以降、改革開放政策をとり、冷戦構造の主軸は崩れたが、朝鮮半島と台湾に目をやれば、このときに成立した冷戦構造が、いまだ完全には過去のものとなっていないことがわかるであろう。つまり、朝鮮戦争当時の歴史とその影響を考えることは、現在の東アジアの構造をみていくうえでも、非常に重大な意義をもつのである。

冷戦の一方の主役となった中国は、当然のことに、朝鮮戦争を契機として大きな転換を迫られることになった。それは、一言でいえば「新民主主義」から「社会主義体制」への転換である。一九四九年の人民共和国建国から五二年までの約三年間は、一般に「国民経済回復期」と呼ばれ、日中戦争および内戦によって疲弊した経済を立て直した時期と捉えられている。だが、この時期はまた、上述したような東アジア情勢の変化をうけて、「新民主主義」から「社会主義」への大きな転換を準備した重要な時期と捉えなければならない。本書の目的のひとつは、この建国後約三年間の「回復期」の意味を再検討することにある。

「回復期」についての研究は、従来手薄であった。概説書等においても、研究状況を反映して簡単にふれられる程度であり、五三年からの第一次五カ年計画期以降とくらべ、記述の分量も少ない。そのため、五三年以降、計画的経済建設をともかくも進められるようになった社会経済的基礎の解明が不明確なまま残されている。この時期の重要性、とくに朝鮮戦争と社会主義体制への移行の関係については、すでにいくつかの研究によって指摘されてはいるが、大枠での見解が示されるのみで、参戦による国内政策の変更、社会経済状況の変化、および両者の関連などは、十分明らかになっているとは言えない。また同時期にあいついで展開された大衆運動の必要性・重要性について、あまり説明がされてこなかった。

本書のもうひとつの目的は、この大衆運動の再検討である。「回復期」には、各種大衆運動が発動され、多くの人々がそれに巻き込まれ、あるいは自発的に参加していった。こうした大衆運動が、なぜ、この時期に矢継ぎ早に発動されたのか、大衆運動がどのように展開され、それが社会の末端や経済構造にどのような影響を与えたのか、これがふたつめの問題関心である。従来、大衆運動は、中国共産党（中共）や革命への共感から肯定的に評価されてきた。だが、中共や社会主義への幻想が消え去った現在、革命的語句や理念で語られてきた大衆運動もまた実態に即した再検討が必要となっている。(1) ここで断っておかなければならないのは、本書であつかう大衆運動は、基本的に都市部のものに限定していることである。それは、農村における土地改革については、それなりの研究蓄積があることと、(2) 建国後は、中共の政策の重点が都市に移ったことの二つの理由による。

本書でとくに重要視する大衆運動は、「反革命鎮圧」運動（以下、「反鎮」）と「三反」・「五反」運動である。このほかにも参戦を契機に、抗米援朝運動および様々な愛国主義運動が組織された。戦時において愛国主義運動が展開されることはめずらしくなく、戦争との関連性はわかりやすい。だが、同時に展開された「反鎮」や「三反」・「五反」運動が、戦争とどのような関連性があるのか、一方で戦争を指揮しながら、一方で大規模な政治運動を展開していく必要性はどこにあったのか。これまでの大衆運動に関する研究の解釈では、理解できないのである。確認しておかなければならないことは、こうした大衆運動が抗米援朝運動に付随して、副次的に行われたのではなく、むしろ、最優先事項として強力に推進されていた、ということである。たとえば五一年初めから春にかけて、毛沢東が最も力をいれて行ったのが「反鎮」運動であり、『建国以来毛沢東文稿』第二冊（一九五一年の文献を所収）は、全部で四〇九編の文献をおさめているが、そのうち約四分の一を「反鎮」関連が占めている。周知のように、人民共和国では建国から文化大革命に到るまで、数々の大衆運動が発動され、政治・経済・社会各方面に重要な役割を果たしてきた。建国後、毛沢東が逝去するまでの約二六年間に、発動された大衆運動は全国規模のものだけで七〇以上との説がある。[3] 文化大革命という未曾有の動乱をもたらした大衆運動で幕を閉じた毛沢東時代は「大衆運動の時代」であったと言えよう。本書が対象とするのはこの「大衆運動の時代」の幕開け時期である。

以上、本書の問題関心と目的を述べてきたが、それらのさらに根底にある関心は、中国社会の変容にある。足立啓二の研究[4]が明らかにしたように、中国の伝統的社会は、団体性が希薄で、きわめて個別分散的な社会であった。一方で、社会主義体制が確立して以降の中国社会のイメージは、末端の個人ひとりひとりにいたるまでが、日々の行動から思想まで、きつく管理された社会である。この両者のギャップをいかにうめるか、前者から後者への変容はどのようにして発生し、またどうして可能であったのか、こうした問題に答えることが最終的な目標である。

第二節　先行研究

（一）「回復期」に関するもの

中国側の研究は、一般に中共の公式見解の枠をでることはない。建国三周年を記念して出版された『三年来新中国経済的成就』[5]におさめられた論文は、いずれも毛沢東の偉大な指導と、共産党の正確な指導のもとで人民が刻苦奮闘し、経済を基本的に回復させ、大規模建設をむかえることができるようになった、とその業績をたたえている。「反鎮」運動や「三反」・「五反」運動などの大衆運動については、社会の秩序を安定させ、ブルジョワジーの違法行為を減少させるものであり、これらの運動を通じて、労働者階級の指導的地位が強固になったとみなしている。[6] こうした「回復期」へのきわめて高い評価は、現在にいたるも基本的に変化していない。近年では、「社会主義初級段階論」の提起により、新民主主義から社会主義への移行が拙速すぎた、新民主主義段階をもっと長く経験すべきであった、という論者が多くなりつつあり、「回復期」への評価はさらに高まっていると言えよう。

日本における研究では、先にも述べたように、「回復期」を専門とした研究は、まだ非常に少ない。例外として、三木毅著『中国回復期の経済政策――新民主主義経済論』[7] があげられるが、中国側の公式見解をそのまま踏襲しており、それらを批判的、歴史的に分析するという視点に欠けている。

つぎに、小林弘二著『中国革命と都市の解放』[8] が、建国前後の都市政策に重点をおいて検討している。三木ほど全面的ではないが、小林の記述もまた、中共への共感を強く感じさせるものである。「解放」前後から「回復期」の政策過程を詳細に検討し、その矛盾や問題点を指摘してもいるが、「基本的には労働者階級の創意と積極性こそが、経済回復期および第一次五カ年計画期のあの驚異的な成果をもたらしたものである」と強調している。

要するに、これまでの研究は、様々な矛盾や問題があったとしても、「回復期」の中共の指導は、比較的正確であり、だからこそ順調に経済回復を達成することができた、と捉えている。また、「回復期」における政策は、おおよそ建国前からの既定路線にしたがったものであるという見解にもとづき、朝鮮戦争を契機とした、政策や方針の転換ということには注意が払われていない。

（二）大衆運動に関するもの

先にも述べたように、中国では、「反鎮」も「三反」・「五反」も当時の状況に応じた基本的に正しい政策であった、という評価が行われている。「反鎮」では、朝鮮戦争勃発後、国内の「反革命分子」の活動が活発化したこと、「三反」・「五反」では、政府職員の汚職、ブルジョワジーの不正行為が蔓延していたことを、それぞれの運動を正当化する根拠としている。だが、前者に関しては、本当に「反革命分子」の活動が活発化していたのか、従来の公安当局による摘発ではなく、なぜ大衆運動方式がとられたのか、という疑問が生じ、後者に関しては、それほど多くの汚職・不正が蔓延する社会構造的問題を問わなければならないであろう。中国側の研究は、「封建」思想の根強さや、ブルジョワ思想の悪影響を強調するが、そうしたイデオロギー的理解は過去のものとしなければならない。

日本では、「三反」・「五反」運動に関するものが比較的多いが、それらは新民主主義から社会主義への「革命の成長転化」を、そこに見いだそうとする試みであった[9]。毛沢東が「過渡期の総路線」を提起し、確定して以後、中国の公式見解では、中国革命は社会主義革命であり、建国からすでに社会主義にむかって歩んでいた、新民主主義段階とは社会主義への移行段階である、とされた。これは、まったく事実に反した後付の見解である。これに対抗して、中国革命を新民主主義革命と位置づけ、それが社会主義革命へ、いつ、どのように転換したかを、日本の多くの研究者は問題関心とした。建国時点での中国の方針を新民主主義とみなし、それが後に変化したと捉える点では、日本の研究は的確であったと考える。だが、社会主義への移行を必然とし、その移行を革命主体の成長で説明しようとする観点は、現在ではまったく共有することができない。このため、七〇年代末以降、革命史観からの脱却が志向されてからは、「三反」・「五反」運動に対する研究もしばらく途絶えてしまった[10]。

「反鎮」運動に関しては、浅野亮の先駆的研究[11]があるが、「反革命分子」の活動の活発化を前提としている点など、まだ中共の公式見解から脱却しきれていない。また内戦の延長である「剿匪」と五一年に本格化した都市の「反鎮」を区別していないため、この運動を建国以来一貫した中共による支配貫徹のための施策とみなし、朝鮮戦争を契機とした政策や方針の転換を見落としている。さらにいえば、「反鎮」が公安や軍などの暴力装置に頼った敵対勢力の粛清というだけでなく、社会各層の大衆をまきこんで展開された大衆運動であったことの意味を重要視する必要がある。

英語圏の研究においては、[12]「三反」・「五反」などの大衆運動を通じて、中共が私営企業への統制を強め、都市における支配が強化されたことを検証しており、その点では本書と類似した視角を有している。たとえば、ケネス・リバソールは、四九年から五二年の天津における社会経済状況の変化を詳細に考察し、「三反」・「五反」を天津における真の革命、四九年につぐ「第二の革命」であった、ときわめて重要視している。だが、その一方でリバソールだけに限らないが、英語圏の研究では、中共による社会主義化の選択を自明視し、建国以降を中共による支配強化の一貫した過程と捉える傾向が強い。ハリー・ハーディングは内戦勝利の後、中共の直面していた課題のひとつとして、予定した方針に沿って社会主義改造を準備する、という社会経済の再編をあげ、朝鮮戦争への中国の参戦は、そうした「既存の決定を強めたに過ぎない」と述べている。建国時の新民主主義的構想は軽視され、朝鮮戦争の影響をうけ、建国時の方針がいかに転換したか、戦争が当時の社会経済状況にどのような変化を及ぼしたか、などという点はほとんど考慮されていない。

(三) 社会主義体制移行に関するもの

中国の研究では、「過渡期の総路線」が確定して以後、建国時からすでに、社会主義へむかって歩んでいる、と政治的に解釈された。そうした解釈では、新民主主義から社会主義への転換ということ自体が意味をもたない。改革開放以後、とくに九〇年代にはいってから「社会主義初級段階論」が定着するにつれ、「過渡期の総路線」以前の解釈に戻り、新民主主義段階を社会主義改造とは切り離した独立した段階として捉えるようになった。そのため、新民主主義から社会主義への転換という問題があらためて議論されるようになった。中国における「新民主主義論」および「新民主主義社会から社会主義への移行」をめぐる研究・議論の状況については黄愛軍の整理が手際よくまとめられていて参考になる。[13] 黄はそれらの研究を「新民主主義社会がくりあげて終結させられた原因の研究」と総称しているが、その「原因」について、はっきりとした結論は示されていない。社会主義へ転換させる時期と条件がそろいさえすれば、共産党は新民主主義から社会主義革命への段階に発展させることを決定していた、とまとめているが、当時の指導者が何をもって時期が到来した、条件がそろったとみなしたのか、それらの条件がいかに整えられたのか、そこを明確にする必要があろう。

一方、日本では、中国が社会主義への移行を選択するさいに、朝鮮戦争が契機になったことが、いくつかの研究で明らかにされている。代表的なものに、毛里和子「中国の社会主義選択と国際環境」、朱建栄「中国と朝鮮戦争」がある。[14] 毛里の研究は、社会主義選択を五三年の「過渡期の総路線」以後に確定したものとみなし、朝鮮戦争の停戦という国際状況を決定的要因として重要視している。しかしながら、毛沢東が社会主義への移行を口にし始めたのは五二年のことであり、その時点で毛沢東はある程度の国内条件が整ったと認識し、移行への自信を持ち始めていたと考えられる。また、第一次五カ年計画が五一年より準備され、五三年から実施されていることを考えるならば、五三年以前に社会主義選択の社会経済的基礎がある程度整えられていなければならないであろう。その点、朱の研究は参戦後、国内で準戦時体制的な政策方針が進められ、しだいに新民主主義は有名無実化していき、社会主義への早期移行が提起されるにいたった、として参戦と社会主義化との関連をはっきりと示している。

こうした戦争と社会主義体制の関係をより明確にうちだし、説得的に説明したのが、奥村哲『中国の現代史』[15]である。奥村は社会主義の理念と実態を切り離し、中国に実存した社会主義体制そのものが、戦争に対処するための体制であり、「後進国の総動員態勢」であったと捉える。本書は朱の指摘する参戦後の政策方針の転換に着目するものであり、また奥村の社会主義体制の捉え方に全面的に依拠している。しかし、両者の研究はともに、「回復期」の社会経済状況や大衆運動の実態に対して実証的な検討を行うものではなく、戦争を契機として新民主主義から社会主義へ舵を切っていった、という大枠を提示するに留まっている。こうした研究状況のなかで、本書が「回復期」の意味を問い、大衆運動の再検討を行うことは、中国において「総動員態勢」がいかに構築されたか、その具体的過程を検証する意味をもつことになる。

第三節　本書の構成

中国に存在した実態としての社会主義体制を後進国の総動員態勢と捉えるならば、この時期は、朝鮮戦争参戦を契機として、そうした総動員態勢が構築され始めた時期として重要である。建国後間もない国力の脆弱な中国が世界第一の強国米国と持久戦を戦うには、ヒト・モノ・カネをいかに有効に掌握するかが鍵となる。

そこで本書では、第一章で「回復期」の概観を行ったあと、第二章でカネをあつかう金融業を、第三章でモノの代表として綿紡織業を、第四章で産業労働者をいかに政府が掌握していったかを考察していく。そして第五章では、それらの掌握過程で重要な役割を果たした各種大衆運動自体に焦点をあてる。

第四節　方法と史料

人民共和国は、建前上は民主党派も参加した連合政府であったが、実質は共産党の一党独裁であった。ゆえに、中共内部の政策決定過程や、それに関わる中共指導部とくに毛沢東の情勢認識を考察することが重要である。近年刊行された『建国以来毛沢東文稿』と『建国以来重要文献選編』のうち「回復期」にあたる第一冊から第三冊を中心史料とした。また経済関係では『一九四九―一九五二　中華人民共和国経済档案資料選編』各巻が、日本人研究者には入手できない史料も断片的な形であれ、見ることができ有用である。

また、政策決定は毛沢東を中心にした中共指導者が気まぐれで策定したわけでもなければ、机上の空論でもない。なんらかの実際に発生していた問題、あるいは問題であると認識された状況に対応して政策はうちだされ、実施される。よって政策を指導者の言論だけでなく、実態、つまり当時の社会経済状況から検討していくことが必要である。とはいえ、当時の社会・経済の実際状況を示す史料はなかなか探し出すことが難しい。新聞・雑誌などの報道を、中共による宣伝の要素が強いということをふまえたうえで利用せざるをえなかった。だが、新聞の利用は、そういった消極的意味だけでなく、『人民日報』の社説などは、当時の中共がどういったことを重要視し、社会にアピールしようとしていたかを端的に示す史料であり、今後もやはり重視しなければならないであろう。

数少ない一次史料として、第三章の綿紡織に関する章で上海市档案館所蔵の档案史料を利用している。近年、中国における資料公開がようやく進みだしているが、第三章はその恩恵をうけている。

●注

（1）小島朋之『中国政治と大衆路線――大衆運動と毛沢東、中央および地方の政治動態』慶応通信　一九八五年。同書付論は主に七〇年代以降の米国の研究を整理紹介し、欧米の大衆運動研究が、詳細な実証的研究への努力に十分注意を払っていないと指摘している。同書刊行から二〇年が経てもなお、建国初期の大衆運動に関する実証的研究は不足している。

（2）田中恭子『土地と権力――中国の農村革命』名古屋大学出版会　一九九六年、小林弘二『二〇世紀の農民革命と共産主義運動』勁草書房　一九九七年など。

（3）Richard P. Madsen "Mass Mobilization in Mao's China" Problems of Communism vol.XXX, 1981.

（4）足立啓二『専制国家史論――中国史から世界史へ』柏書房　一九九八年。

（5）中国国際貿易促進委員会編『三年来新中国経済的成就』人民出版社　一九五三年。

（6）薄一波「中華人民共和国三年来的成就」（一九五二年九月二六日）同右、一〇一―一一〇頁。

（7）三木毅『中国回復期の経済政策――新民主主義経済論』川島書店　一九七一年。

（8）小林弘二『中国革命と都市の解放』有斐閣　一九七四年。

（9）石川滋「『五反運動』の性格について」『一橋論叢』第三二巻第四号　一九五四年一〇月、古島和雄「国民経済復興期における統制政策とその性格」『社会科学研究』第二〇巻第五・六合併号　一九六九年三月、土岐茂「中国の『三反』・『五反』運動にみられる矛盾と法」『早稲田大学大学院法研論集』第一〇号　一九七四年一一月、上原一慶「国民経済復興期における対資本主義政策」『歴史評論』第三〇七・三一〇号　一九七五年一一月・一九七六年二月、座間紘一「社会主義への移行と『三反』・『五反』運動」『講座中国近現代史七　中国革命の勝利』東京大学出版会　一九七八年。

（10）最近になって、金野純「建国初期中国社会における政治動員と大衆運動――『三反』運動と上海社会（一九五一―五二年）」『アジア研究』第五一巻第三号　二〇〇五年七月、などのように新たな視角による研究がすすみはじめている。

（11）浅野亮「中国革命の『剿匪』と『反革命の鎮圧』活動（一九四九―一九五一）」『アジア研究』三九―四　一九九三年。

（12）John Gardner "The Wu-fan Campaign in Shanghai : A Study in the Consolidation of Urban Control" in Chinese Communist

Politics in Action, edited by Doak Barnett Washington U.P., 1969.
Kenneth Liberthal "Revolution and Tradition in Tientsin, 1949-1952" Stanford U.P., 1980.
Harry Harding "Organizing China : the Problem of Bureaucracy 1949-1976" , Stanford U.P., 1981.

(13) 黄愛軍「新民主主義社会提前結束原因述論」『中共党史研究』二〇〇四年第一期。

(14) いずれも山極晃編『東アジアと冷戦』三嶺書房　一九九四年所収。

(15) 奥村哲『中国の現代史——戦争と社会主義』青木書店　一九九九年。

第一章　概観

本章では、建国から三年あまりの一般に「経済回復期」とよばれる時期の経済政策と経済状況の変遷を時系列にそって概観していく。この時期に勃発した朝鮮戦争と中国の参戦は、国内外の環境や社会経済状況を大きく変え、中国政府はそれに対応した政策をうちだしていく。したがって、「回復期」の諸政策は、戦局の推移や中共が戦争をいかに認識し、変化する国内外の状況に、いかに対応しようとしていたかに注意してみていかなければならない。(1) 当然、五〇年一〇月の参戦がひとつの転機となるが、五一年二月と一〇月の政治局拡大会議もまた、情勢の変化をふまえて方針を決定した重要会議であり、政策の転機となった。そしてこの三つの転機は、大衆運動の発動の契機でもあった。政策の転換が大衆運動の発動を要請し、そして大衆運動が展開されることで社会状況が変化し、それがまた政策にフィードバックされるのである。ここでは、そうした両者の関連について概観することに重点をおき、大衆運動の具体的展開とその作用については、次章以下にゆずる。つまり本章は、次章以降の大衆運動に焦点をあてた記述を、わかりやすくするための見取り図としての役割をもつ。

第一節　建国から朝鮮戦争参戦まで

まず、参戦後の政策転換を明確にするため、建国から参戦前までについて、とくに経済政策と対ブルジョワジー政策を中心に概観しておく。なお、本章では金融にかかわる部分もあるが、金融については次章でとりあげるので、ここでは、簡単に言及するにとどめる。

（一）経済復興：インフレの克服と調整政策

建国当初、中国経済は長期にわたる戦争とインフレによって壊滅的状況にあり、まずなによりも経済の立て直しが最優先であった。すさまじいインフレをまねいた禍根は、巨額の財政赤字を通貨増発で補填したことにあったため、市場から過剰な通貨を回収する措置がとられた。国債の発行（五〇年一月から、強制わりあて）・徴税（とくに商工業税）・預金などを通じて現金を吸収したが、中でも国債の役割が大きかった。上海では国債を割り当てられたために、三三もの金融業者が倒産している。一方、商工業税は「突撃的徴税」をするも、任務を達成できなかったといわれている。結局のところ、経済が好転しなければ徴税には限界があるのである。預金額も急増しているが、それは四月以降のことであり、三月からの物価下落の要因とはいえない。預金増はインフレ抑制の要因ではなく、貨幣価値があがったことによる結果と考えるべきであろう。

簡単にいえば、富裕層から国債という形で強引に通貨を回収することで、インフレはひとまず克服された。ただし急激な物価下落と金融引き締めは、商工業にとって大きな打撃となり、倒産・休業があいつぐことになった。当然、失業者も急増し、民衆の不満や社会不安を醸成していったのである。こうした状況下、景気を回復させ、民衆の不満を解消するために一連の措置、いわゆる調整政策がとられることになった。調整政策の内容は、税制の改定（手続きの簡素化、農業税の減税）や金融緩和なども含んだが、主要には政府から民間工業に対する「委託加工・注文生産」を拡大することで、商工業の困難を解決しようとする政策であった。中国経済が夏以降、回復基調となる根本的要因は六月末に始まった朝鮮戦争による需要の増大にあったと考えられる。しかしながら、五〇年春に経済危機をのりきるために実施された「加工・注文」の拡大が、景気回復の呼び水となったことは否定できない。その一方で、民営工業の総生産額に占める「加工・注文」の比率が四九年の一〇％から五〇年の三一％に上昇するなど[2]、商工業の政府依存を高める要因にもなった点に注意しておきたい。こうした調整政策は、参戦後までつづくが、参戦後には、戦争に対応した新たな政策が模索されることになる。

（二）新民主主義的政策

経済政策がブルジョワジーの活動に比較的寛大であったこの時期、政府指導者たちに社会主義への移行はどのように認識されていたのであろうか。じつは、五〇年春の景気後退により、私営経済が大きな打撃をうけると、この機に乗じて一気に国有化をすすめようという意見も存在した。最も急進的だったのは、中央銀行である人民銀行（以下、人行）のトップであった。人行総行の責任者は「国営経済は無限に発展する」とか、「我々の政策はブルジョワジーと利を争うもの」などという発言を行っていたが、こうした発言は極左的であると毛沢東らの批判をうけることになる[3]。朝鮮戦争の前夜、社会主義への移行について、毛沢東は「まだ遠い将来であ」り、「新民主主義の改革を経て、そして将来、国家経済事業と文化事業がおおいに盛んになり、各種の条件がそなわり、全国の人民の考えが成熟し、かつみながが同意をしたのちに、悠々と適切に社会主義の新時期にすすむことができるのである」と述べている。[4]

この時点では社会主義への移行は「遠い将来」であり、長期的な新民主主義段階の後に移行することを構想していたのである。その背景には、中国の近代化および経済が立ち後れているという認識があり、社会主義に移る前に、まず資本主義経済を利用して経済発展をとげる必要があるというのが、当時の指導者たちに広く浸透していた考えであった。そして、経済発展の前段階として「国家財政経済状況の基本的好転のためにたたかおう」と呼びかけ、それだけでも三年以上の時間がかかると述べていたのである。[5]

第二節　朝鮮戦争参戦後：参戦当初の対応

建国からわずか一年しか経ていない経済後進国が、世界第一の強国であるアメリカと戦うことは、経済的に相当な無理を強いられることであった。まず、参戦当初の対応をみていく。

（一）現金管理の強化

一一月三日、政務院財政経済委員会（中財委）は「現金を凍結し、物価を安定させる措置に関する指示」を出した。[6]これは参戦を契機として預金引き出しが急増したことにより、現金が五～七億元不足する事態、つまり金融危機が発生したことに対処した緊急措置であった。これによって機関・部隊などの現金が凍結され、農産品の買付が暫時延期され、上昇傾向にあった物価は急速に安定した。政府はこうした物価上昇を商人の投機行為、人民の買いだめ心理によるものと決めつけ非難したが、実際は政府機関・軍隊による戦争準備のための大量買付が端緒となっており、戦争遂行のうえで不可避的であった。中国政府が非難した商人の投機性というよりも、金融も含めた中国の経済力の脆弱生を露呈したものといえよう。その後、人行は金融安定化のため、五〇年四月からすすめていた現金管理をいっそう強化していった。一二月二五日には「貨幣管理実施辦法」と「貨幣収支計画編成辦法」を公布し、現金を含む一切の流通手段に管理を拡大している。[(7)] 管理対象範囲は国営企業・政府機関などであったが、公私合営・私営企業にも自発的参加を求めていった。

(二) 財経方針と五一年予算

参戦という重大決定をうけて、それまでの財経方針は修正をよぎなくされた。一一月一五日の第二回全国財政会議では、参戦後の財経工作方針を「軍事第一、物価安定第二、その他第三」とし、なおかつ財政赤字を出さないという原則を強調した。[(8)] とはいえ、参戦した以上、軍事費の増大は不可避であり、対応として支出をきりつめ、税収を増加させる方法が提起された。[(9)]

こうした財経方針を反映したのが、五〇年末に決議された五一年度予算である（後出の表1―1参照）。この予算の特徴を約言するならば、軍事費の比率は増大するも、全体では五〇年度支出と同規模に抑制されている、ということである。財政赤字を出さないという原則にしたがい、予算規模は、前年とほぼ同規模におさえられている。[(10)] 一方、表1―2から支出の構成比率をみてみると、軍事費の比率は、五〇年決算の三八・一九％から、五一年予算では四八・〇％と約一〇ポイント増である。それとは逆に経済建設費は、三〇・三九％から一七・〇％に大きく縮小している。つまり経済建設をひとまず犠牲にして、軍事を優先させた予算であった。

以上から、限られた予算の中でやりくりして軍事費を捻出する、という方針が読みとれるのであるが、こうしたいわば小手先の対応には、当時の戦局が背景にあったと思われる。参戦当初、予期しなかった中国軍の攻撃をうけたアメリカ軍は後退を続けていた。五一年初め、中国側にはアメリカがこれ以上大規模な介入を行わず撤退するかもしれない、との楽観的見込みすら生じていたのである。しかし、期待に反してアメリカは反攻を開始した。五一年一月末からの第四次戦役で、中国軍は苦戦を強いられ、参戦後初めての後退を喫した。これを機に、本格的な戦時体制への転換が要請されることになる。

(三)「剿匪」と抗米援朝運動

朝鮮戦争への参戦と同時に、二種類の大衆運動が開始される。ひとつは「反革命鎮圧」(以下、「反鎮」)運動であり、もうひとつは抗米援朝運動である。

前者は、本来、国民党勢力の残党処理であり、社会の治安秩序回復を目的としていた。社会が安定しつつあった五〇年六月の三中全会では、「鎮圧と寛大を結合」することが提起され、「反革命分子」に対する摘発・処罰はゆるやかになっていたが、一〇月一〇日の「双十指示」[11]以後、厳格化へむかう。この時期の「反鎮」を特色づけるのは、とくに敵軍の上陸が予想された地域における防衛や統治強化を目的とした「剿匪」と土地改革であり、それらが予定をくりあげて、かつ急進的に行われたことである。

農村における「反鎮」は、土地改革をスムーズに行うための前段階として実施された。とくに、台湾からの進攻が予想された沿海諸省(福建・広東・広西)では最重要課題として展開されていく。例えば、広西省は国境防衛のための工事計画を中央に提出したが、毛沢東から、それよりも「反鎮」をしっかり行うべきであると批判を受けた。毛はまた、「反鎮」・土地改革こそが国防強化になると明確に述べている。[12]土地改革は従来の予定では、五〇年に農業人口約一億人の地域で実施し、残りの一・六億人の地域ではその大部分を五一年冬以降に行うことを予定していた。だが、毛沢東の指示によって五〇年冬に大規模な土地改革（とくに広東・広西・福建）を実施することになり、五一年秋の時点ですでに農業人口一・五億人の地域で完成をみた。採用された方式もまた、はげしい階級闘争の方式であり、参戦前に提起されていた穏和なやり方ではなかった。

「剿匪」の対象となった「匪賊」の活動は、中共側が説明するように朝鮮戦争によって活発化したわけではなかったが、防衛観点上、早急に鎮圧することが求められた。「剿匪」はあきらかに内戦の延長であり、治安がすでに回復していた都市における「反革命分子」摘発とは、区別して理解されるべきである。従来の研究では、両者が一律に論じられ、「匪賊」の活動をもって、「反革命活動」の全国的な活発化を論証するかのように使われてきた。両者が混同された最大の原因は、当時の中共指導者の認識において、ほとんど区別されていなかった点にある。(13) 朝鮮戦争参戦を契機に、国内の治安に関して警戒心を異常に高めた中共指導者にとって、辺境地域の敗残兵や武装勢力も都市部で普通に暮らす旧地主階級や国民党関係者も、おなじくらいに危険な存在に感じられたのである。この問題については第五章で論じる。

もうひとつの運動、抗米援朝運動は、アメリカの侵略に抵抗し、朝鮮を支援しようとよびかける運動であるが、当初の目的は、中国の参戦に民衆の支持と支援をとりつけることにあった。ただし、この運動は戦争が長期化するにつれ、その目的や形態を様々に変化させていった。

第三節　政策の転換：本格的戦時体制へ

（一）政治局拡大会議（五一年二月）

五一年二月半ばに開催された政治局拡大会議は、「戦争の危機への対応を前面におし出して既存の政策の全面的見直しを行った重要会議」であった[14]。ここで「戦争の危機」と表現されているのは、先述したように朝鮮での戦況が厳しくなっていたこと、そして戦争の長期化が明らかになりつつあったことであろう。この会議直前の二月一日には、国連で中国を「侵略者」とする決議も通過していた。これは、戦争の長期化、および停戦後もアメリカと長期にわたる対立が存続することを意味していた。三月一日、毛沢東は戦争長期化の可能性にふれ、「すくなくとも二年間の準備をしなければならない。数年間かけて米国の数十万人を消耗させなければならない」と述べた[15]。同時期、志願軍においても、長期的作戦遂行のため、欠員を随時補充していく方式から三交代方式への変更が行われており、軍事面でも本腰をいれた戦時体制へと転換がはかられつつあったのである。

同会議で毛沢東は「三年準備、十年計画経済建設」の構想を提起し、これを党内へ通知した[16]。これが、おそらく計画経済を明示した最初の文書であり、また建国から三年間をひとつの準備期間と捉え、五三年から大規模建設にむかうことを示唆した最初のものであると考える。以後、「五三年からの大規模建設のため」という大目標にむかって、各種の政策が策定・実施されていくことになった。したがって同会議をさかいに様々な政策変化がみられるが、とくに都市部において大衆運動があいついで展開され、激化していくことに注目したい。

（二）五一年予算の調整と決算

こうした政策転換が財経工作の方針にどのように反映されたかを確認しておく。

まず、財政からみておく。五一年予算の調整（後出の表1―3参照）は四度行われている。調整に関する説明はこうである。二月の調整は、全国財政会議におけるもので、三月の調整は、国防建設・その他の各種建設事業および全国編制人員事業の費用を追加するためのもの。六月の調整は、国防費の予算増大および商工業が発展したことによる税収の増加のためであり、最終調整は、実施中の調整である、と。

一一月の財政会議での決定が二月調整に反映されたというタイムラグを考慮すると、二月の転換はおもに六月調整に反映されていると考えられる。六月調整の特徴は、予算額の規模が大幅に拡大しているという点である。これはおそらく、戦争特需による商工業の好景気、およびそれによる税収の順調な伸びに依拠したのであろう。税収増大を背景に、それまでの消極的な財政から積極的な財政への転換を意図していた、とも言えるのではないだろうか。

決算をみてみると、財政規模が大きくなり、軍事費が大きな比率を占めるとともに、経済建設費も大きく伸び、軍事と経済建設の両方を追求するという志向がみてとれる。翌年（五二年五月、全国財政会議）に打ち出される「辺打・辺穏・辺建」（戦いながら、市場を安定させ、経済建設も行う）方針がこの時点ですでに芽生えていたと言えよう。

要するに、大国のアメリカと長期戦を戦うために、軍事も経済建設も同時並行して行う必要性にせまられ、限られた資金・人力・物力を最大限有効に使用することが重要となった。つまり総動員態勢の構築である。

しかし、しばしば「ばらばらな砂」と表現されるような、団体性が希薄で組織化されていない中国社会では、まず、国民の精神を一致団結させ、社会的統合をすすめることが重要な鍵となる。中国が近代化するさいに、こうした国民統合が、最も重要であり、かつ最も困難な課題となった。国民政府は日本と戦うときに、こうした総動員態勢を十分に構築できなかったのであるが、結論からいえば、共産党は大衆運動方式で国民をまとめあげることに成功したのである。その大衆運動とは、都市部においては、まず「反鎮」運動であり、それが企業に波及した「民主改革」運動である。

(三) 都市の「反鎮」と「民主改革」

五一年二月二一日、「中華人民共和国懲治反革命条例」が公布され、二五日には、中共中央より「大都市で真剣に厳格に大規模に反革命を鎮圧すべし」という指示が発出された。これ以降、都市部においても「反鎮」が大衆運動方式で大々的に展開されていく。摘発は人民の任務となり、人民各人が「反革命分子」を見つけだし告発し、各地域・職場単位の控訴大会(人民裁判)が開かれ、迅速に処罰を決定(過半数が銃殺刑)していった。とくに大都市では、かなりの「反革命分子」を思い切って殺すことが指示されている。例えば、上海では一～二千名を殺すよう指示が出された。[17] 処刑数は、実際状況によって決定されるのではなく、上から人口に応じてノルマとして配分されていたのである。

今日一般的には、「反革命分子」が朝鮮戦争の勃発後、敵に呼応して活動を活発化させたことを、運動激化の理由とし正当化しているのであるが、実際の事例を子細に検討すると、罪状はほとんどが過去のこと(抗日期・内戦期)である。百万人以上もの人間が、本当にスパイ活動や破壊活動に従事していたかは疑わしい。たぶんに共産党指導者の危機意識に起因するものであると思われるのだが、主観的意図はさておき、こうした運動によって大衆を動員・組織化することに成功したことに注目すべきであろう。一般大衆は、運動を通じて個人的恨みをはらしたり、自己の地位を向上させたりすることも可能であったが、それよりもこうした政治運動に積極的に参加しなければ、逆に批判されたり、打倒されたりしてしまう。そういう社会になったと感じとったであろう。従来のような、「ばらばらな砂のひとつ」ではいられなくなったのである。

「反鎮」運動は五一年夏に一段落し、「外層」（一般社会）での鎮圧は完成した。つぎの矛先は「中層」（国営企業・機関・軍隊など）・「内層」（共産党内）へむかう。ちなみに、この「外層」・「中層」・「内層」という分類、そして各層に相当の「反革命分子」がいるという認識は、五一年二月の政治局拡大会議で表明されたものである。こうして五一年一一月～五二年一〇月が運動の第二段階となり、企業においては「民主改革」運動、政府においては「三反」運動として遂行される。

この「反鎮」運動は五二年末に「勝利のうちに終結」し、五〇年から五三年の間に全国で総計二〇〇万人以上の「土匪」を殲滅し、一二九万人の「反革命分子」を拘留し、一二三万人を監視下におき（管制）、七一万人を処刑したという[18]。

第四節　政策の調整：体制のひきしめと重工業化

第四次戦役で中国側は三八度線以北まで撤退させられた。以後、戦線は三八度線をはさんで膠着し、五一年七月からは、停戦交渉が開始された。戦いながら交渉する、という状況ではあったが、停戦の見通しがでてきたことは大きい。長期的な戦時体制の構築という基本路線は変わらないにしても、こうした情勢の変化をうけ、今後の方針と任務を決定し、それに沿って政策を調整する必要が生じてきた。一〇月に開かれた政治局拡大会議は、このような課題に応えるためのものであった。

(一)「精兵簡政・増産節約」方針：政治局拡大会議(五一年一〇月)

五一年一〇月に開催された政治局拡大会議の内容については、公表されていないため、詳しいことは一切わからない。ただ同会議において「精兵簡政・増産節約」の大方針が決定されたことは分かっている。この方針については、一二月一日に「三反」運動を正式発動する際に出された、「精兵簡政・増産節約・汚職反対・浪費反対・官僚主義反対に関する決定」[19]に詳しい。そこでこの決定を少し細かくみていく。

まず、朝鮮戦争に参戦して以来、各方面の工作は、抗米援朝戦争を中心任務として巨大な成果をあげ、抗米援朝工作は偉大な勝利をあげたと評価している。しかし、困難や欠点もまた多い、と以下のことをあげている。

①軍の装備が劣勢であるため短期間内には敵を追い払うことができない。

②一年あまりの戦争により、軍事人員が五〇年の規定数よりも五〇%強増加し、財政上の供給と人力の消耗という点で国家の最大負担となっている。

③国家経済の回復と発展は、その重点をすでに国防建設にしだいに転換しつつあるが、財力・人力・物力に制限され、すみやかに行うことができず、そのため前線の補充もまた制限をうけた。

④二年来の政権建設で上層の機関が膨大になり、階層が多くなりすぎ、人余りがおきているが、その一方で下層では必要な人員が欠乏している。

⑤各級指導機関は都市管理をしだいに学んできたが、経験不足と警戒心の欠乏、そして封建的遺物の作風と資本家階級の腐敗した影響を受け、そのため多くの工作幹部が汚職・浪費を行うという深刻な現象をまねいた。

そして、これらの困難と欠点は、すみやかに是正し克服して、国家建設を大きく前進させなければならないが、毛のよびかけた「精兵簡政・増産節約」、これこそがそれを実現する総方針であり、全党の中心任務である、としている。つぎに五二年の予想と計画が各方面にわたってひろく述べられた後に、計画の重点は、「あらゆる方法を用いて、お金を捻出し、重工業と国防工業を建設する」ことであり、その建設資金の源泉は増産節約しか方法がない、と述べている。

また、「精兵簡政」工作の具体的内容は以下のようであった。

①部隊の編成替えと国防力の強化：現役人員を減らして解放軍の近代化と正規化を加速し、同時に大量人員の転業建設を動員する。朝鮮戦争終結の時期にかかわらず、我々は現在すぐに編成替えに着手する。

②機構の精簡、工作効率のひきあげ：定員編成においては上層をひきしめ、下層を充実させ、人が多く仕事の少ない機構を引き締め、仕事が多く人の少ない機構を補充する。

③増産節約、大規模建設の準備。

④収支を均衡させ、ひきつづき物価を安定させる。

⑤汚職に反対し、浪費に反対し、官僚主義に反対するために闘争する。

以上からわかるように、五一年一〇月の政治局拡大会議では、建国以来、とくに参戦以降、膨張した軍と政府の機構をリストラし、合理化・精鋭化すると同時に、長期的に国防力を強化するための経済建設に重点をうつすことが決定された。こうした体制立て直しの一貫として「三反」運動は発動されたのであるが、それはまた、前回の拡大会議で提起されていた「中層」・「内層」における「反鎮」と結合し、大規模な大衆運動として展開される。

(二)「三反」・「五反」運動：「三害」と「五毒」

一般的に「三反」は国営企業や政府・軍隊の職員・幹部・兵士による浪費・汚職・官僚主義的行為（「三害」）を摘発する運動であり、「五反」は「三反」のもとになった商工業者の贈賄・脱税・経済情報窃取などの違法行為（「五毒」）を摘発する運動と説明されている。そこでは、汚職や違法行為を行う者が悪であり、党員や政府職員が汚職行為を行うのは、ブルジョワジーによってむしばまれたからであり、主要にはブルジョワジーの利益追求という本質に起因すると解釈されてきた。しかし、摘発された「三害」・「五毒」は、ほとんどの政府機関・企業において普遍的といえるほどに多かった。なぜそれほど多くの汚職・違法行為が生まれたのであろうか。単に個人のモラルやブルジョワジーの性質に帰すのではなく、当時の経済・社会構造に起因する現象として検討する必要があるであろう。そこで、ここでは「三害」・「五毒」について簡単にふれておく。

当時、摘発された「三害」をみてみると、「機関生産」に関連するものが多いことに気づく。「機関生産」というのは、各級政府機関・部門の副業であるが、その資金は、中央に帰属すべきもの（農業税・経費・公的物資）を各単位が不正に流用し蓄積していた。もともと内戦時期に各部隊や単位が生活難を解決するために始めたものであったが、建国後も存続し、とくにこの時期に問題となったのである。生産の内容は様々で多岐にわたり、託児所や医療所までも経営していた。未整備な福祉制度を補完する役割をも果たしていたようで、単に利益追求ばかりとはいえない面がある。こうした「機関生産」の隆盛が示唆しているのは、「解放」当時からの「包下来」[20]政策の破綻、さらには参戦後、軍事と経済建設が優先されるなかで、行政費がきりつめられたことにあると考えられる。建国後、政府職員・幹部が急増する一方で、財政難を理由に行政費の伸びは抑制されていた。五一年の行政費支出は、予算を二億元余り超過しているが、その内訳をみるならば、公安司法費が予算の三倍、土地改革経費が一・五倍に増大する一方で、供給制幹部の家族補助費は予算の七割程度に抑えられていた。[21] つまり、同年本格化した「反鎮」や土地改革関連の経費が伸びるなか、そのあおりを食うように幹部への補助費は削減されていたのである。五一年一一月、陳雲は財政状況についての報告のなかで、軍や政府機関および学校などに勤める公務員の賃金が低いことを認めながら、「暫時、改善することはできない」として、公務員の奉仕の精神に感謝を述べている。[22]

また、経済建設が急務となる一方で、幹部の経験不足、制度の未整備から発生した「浪費」も多かった。たとえば、基本建設が拡大されるなか、盲目的な設計や施工が行われ、結果として損失をまねくことがあった。

要するに、「三害」の中身は様々であるが、生活難や制度の未整備からやむなく発生する「浪費」や「汚職」も多かったのであり、それらはまた、戦争が長期化し、軍事と経済建設が重視され、行政費が切りつめられるなかで、より一層、顕在化していったと考えられる。

一方、私営企業による「五毒」では、「加工・注文」に関連するものが多い。朝鮮戦争が始まると軍需品を中心に、政府の「加工・注文」が増大したことが背景にある。私営企業と政府との関係がさらに深まる一方で、私営企業は政府・国営企業との契約において、厳しい条件を飲まされることになった。このことが契約破棄・不良品・納期遅れ等につながり、コストの見積もりを高く計算したり、契約を有利にするため担当の役人に対して賄賂を贈るなどの「不正」を生み出したのである。こうした「加工・注文」をめぐる問題については、第三章で紡織業をとりあげて論じる。

「三害」も「五毒」も、個人のモラルや思想の問題というよりは、構造的な問題であり、それは端的に言えば、戦争を遂行していくうえで社会に無理を強いた結果であった。しかし中共指導者は、そのようには認識せず、大衆運動によって一挙に解決しようと試みたのである。問題の認識と解決方法は、必ずしも適切ではなかったが、運動の影響はきわめて大きく、しかも結果的に政府の望む方向へむかっていったのである。

(三)「三反」・「五反」運動の影響

つぎに、「三反」・「五反」運動が社会経済にあたえた影響を考えてみたい。運動は、短期的には、社会経済に大きな混乱と停滞をもたらした。「三反」で主に経済を担当する幹部・職員が攻撃対象となり、政府機関・国営企業による買付・発注、国家銀行の対私営企業貸付などが停止したからである。運動開始直後から、すぐに経済への悪影響が現れ始めたため、「生産に注意すること」が指示されるが、効果はなかった。それまで大きな役割を果たしていた留用人員や知識人が排除されたことで、いくつかの経済機構はすっかり機能を停止してしまったという。

こうして「三反」・「五反」後には、「労働者の失業増大・製品の在庫過剰・物価下落・責任回避」という現象が発生した。正常な経済活動を回復しようと政府は積極的な融資を行い、再度「加工・注文」を拡大する。こうして過去に繰り返されたパターンが再現された。政策による経済混乱と停滞ののち、政府が「加工・注文」を拡大する。景気は回復するが私営企業の政府依存も高まる、というパターンである。

また運動には労働者がひろく動員されたことで、企業内での資本家と労働者の力関係が大きく変化してしまった。資本家は政府や国営企業からだけでなく、内部からも常に経営を監督されることになる。内部からの監視によって、従来のような、脱税・不正による経営維持も困難になったのである。

そして「三反」・「五反」では、金融業がもっとも大きな影響をうけ、運動を契機にいち早く業界全体の公私合営化がすすんだ。経済の根幹ともいえる、金融業が合営化したことで、資金面においても政府は私営企業に対する指導・統制を強めることができるようになったのである。

こうして、運動を契機に、私営企業に対する政府の指導が貫徹されていくと同時に、私営経済は後退し、国営経済が発展していった。経済全体における国営・合作社の比率の上昇を確認しておく。工業総生産額では、五一年四五・九％から五二年五六・〇％に、商業では卸売販売額が五一年三四・三八％から五二年六三・二％、小売販売額では、五一年二五・二九％から五二年四二・〇％へとそれぞれ増大している。[23] こうした国営経済の比率上昇が、計画経済の実施を保証するうえで重要な条件となったことは間違いないであろう。「三反」・「五反」のさなか三月末に中央政府は、「五反運動およびその後に、必ず達成すべき八つの目的」を指示した。[24] その第一番目に、「民間商工業の情況を徹底的に明らかにし、そしてブルジョワジーと団結し、また統制し、計画経済を行うことを有利にする」と述べている。この目的はほぼ達成したといえるであろう。

つぎに、このような「三反」・「五反」運動を契機とした社会経済状況の変化が、当時の指導者にどう認識され、そして経済政策および国家全体の方針にどのように影響していったかをみる。

第五節　社会主義への早期移行

（一）国民経済の回復

「三反」・「五反」が終結してまもない頃、毛沢東は政治協商会議の全国委常務委会議で以下のような講話を行った。[25] 以前は「物価を基本的に安定させ、収支を均衡に近づける」と言っていたが、それは物価が安定せず、収支がまだ均衡していないということを意味していた。収入が少なく、支出が多い、これが問題であった。そこで去年（五一年

―筆者注）「増産節約」を提起した。その後の「三反」・「五反」運動の勝利で「天下は大いに定まった」。「三反」・「五反」で出てきたお金で（朝鮮戦争を―筆者注）一年半戦うことができ、増産節約で出てきたお金をすべて国内建設にまわすことができる。「以前は、国民経済が三年で回復できるかどうかと考えていた。しかし二年半の奮闘をへて、国民経済はすでに回復し、しかも計画的建設をすでに開始している」。

この毛沢東の発言から、「三反」・「五反」運動の前後で、財政状況がおおいに好転したこと、そうした財政上の余裕を得て、経済建設により積極的になった姿勢が窺われる。さらに、注目すべきは、五〇年六月の時点では財政経済の根本的好転のために三年かそれ以上の時間がかかる、と述べていたが、それをくりあげて達成できたと自ら認めている点である。

毛沢東の講話の二日後、財政担当の薄一波もまた同様の見解を示している。彼は五二年予算に関する報告のなかで、五二年予算の「収支がすでに完全に均衡している。これは成立以来、財政収支が均衡した最初の年度である」としたうえで、「財政経済状況はすでに根本的に好転し」、「今後の大規模経済建設に良好な基礎を築いた」と述べた。

つまり、「三反」・「五反」運動を経たこの時期、中共の指導者たちは、国民経済の回復という建国時の課題はすでに基本的に達成した、という認識にいたったのである。そしてその認識を前提に、経済建設に邁進することを決定した。さらにこの決定には、朝鮮戦争に対する見通しもまた関わっている。

先の講話のなかで、毛沢東は、次のように述べている。「去年、抗米援朝戦争の費用は、国内建設の費用と大体ひとしく、半々であった。今年は異なり、戦争費用の見込みは去年の半分のみである。現在われわれの部隊は減少したが、装備は強化された。……すぐに第三次世界大戦を戦うなどとは、無茶な話である。われわれは一〇年の時間をかせいで工業を建設し、強固な基礎をかためなければならない」。

これらの発言から、朝鮮戦争ではなく、将来の戦争にそなえて国防力をつけなければならないこと、「三反」・「五反」で軍の精鋭化がすすんだこと、現在すでに経済は回復し、大規模建設が可能な時期がやってきた、と認識していたことがわかる。つぎに、こうした指導者の認識が、実際の経済運営にどのように反映されていったかを五二年予算と決算で確認する。

(二) 五二年予算と決算

五二年予算は、「三反」・「五反」運動が終結した後の八月六日に、ようやく中央政府の会議を通過した。中国の財政年度は一月から始まるから、予算案は、おそくとも年初に通過させなければならないはずであるが、「三反」・「五反」運動の影響をうけ、審議が延期されていたのであろう。よって、「三反」・「五反」運動以前に、五二年予算がどのように考えられていたか、詳細は不明である。だが、いくつか示唆する材料はある。五一年末に開かれた全国財経会議では、五二年工作の重点を「財政をゆるめず、しだいに経済の方向をかえる」こととし、財政工作では「収入はゆるめないという前提のもとで支出を転換させる」としている。(26) また、五二年一月一五日に陳雲らが起草した「五二年の財経工作に関する方針と任務」においても、財政支出の管理を厳格にし、浪費をなくすことと同時に、「収入をゆるめないという条件のもとで、工業・農業・貿易の方面へ振り向ける」と述べられている。(27) つまり、「三反」・「五反」運動前に考えられていた五二年予算は、財政赤字を出さないというのが最重要条件であり、限られた収入のなかで、重要産業へ資金を投下するために財政支出を抑制することが重視されていた。

しかし、その後、「三反」・「五反」運動によって財政状況がよくなると、予算編成にも変化があらわれる。表1―1で五二年予算をみてみる。五二年予算・決算の特徴は、赤字を出していないことである。収支の均衡どころではなく、

表1-1　歳入と歳出の比較

①歳入の比較

（単位：億元（新人民元））

	50年度決算	51年度予算	51年度決算	予算比％	52年度予算	52年度決算	予算比％
農業税	17.51	17.97	17.04	94.85	19.55	22.13	113.20
各項税収	20.63	25.83	54.32	210.31	72.21	69.18	98.21
国営企業収入	8.93	10.55	32.11	304.44	36.97	53.22	143.95
倉庫整理収入	0.72						
その他	1.87	7.86	30.47	387.61	25.68	50.18	195.38
公債発行	2.00						
くり越し	11.82						
保険金融					4.44	3.30	74.21
赤字	4.62	7.30	10.37	142.13			
総計	68.10	69.50	144.32	207.65	158.86	199.74	125.74

②歳出の比較

	50年度決算	51年度予算	51年度決算	予算比％	52年度予算	52年度決算	予算比％
軍事費	19.72	33.39	50.61	151.54	44.38	51.55	116.17
経済建設費	15.69	11.80	33.64	284.98	58.06	67.81	116.79
文化教育衛生	2.56	5.08	7.72	151.97	20.18	16.06	79.54
行政費	8.70	11.26	13.41	119.06	22.70	18.83	82.94
社会事業	1.47						
債務支出	0.04						
その他	3.46	7.96	5.51	69.25	13.53	5.70	42.13
総計	68.10	69.50	110.89	159.54	158.86	159.94	100.68

＊51年度より社会事業費は文教衛生費に含まれる。
出所：『経済档案』綜合巻871-928頁。

四〇億元（統計によって若干異なるが）もの大幅黒字を出しているが、戦時下であることを考えれば驚異的といえよう。黒字の要因となったのは、収入が予算より二六％も増える一方で、支出がほぼ予算通りに抑えられたことである。この収入増に貢献したのは、国営企業収入とその他の収入の大幅増であるが、後者のほとんどは、前年度の繰越しが占めるので、正確には収入増とはいえない。表1―2から、歳入の構成をみると、各項税収が第一位だが、その比率は下がっている。それと対照的に国営企業収入の伸びが順調であり、私営経済の衰退と国営経済の躍進を反映した結果となっている。

表1―1で五二年の歳出をみると、

表1-2　歳入と歳出の構成

①歳入の構成　（単位：%）

	50年度決算	51年度予算	51年度決算	52年度予算	52年度決算
農業税	25.71	25.86	11.81	12.31	11.08
各項税収	30.29	37.17	37.64	45.46	34.64
貨物税	8.81	11.06	11.17	13.07	10.09
工商業税	9.12	11.77	13.05	16.13	13.53
関税	3.83	4.19	4.81	4.41	2.41
塩税	3.01	3.24	2.35	2.44	1.64
国営企業収入	13.11	15.18	22.25	23.27	26.64

②歳出の構成　（単位：%）

	50年度決算	51年度予算	51年度決算	52年度予算	52年度決算
軍事費	38.19	48.05	45.64	27.94	32.23
経済建設費	30.39	16.98	30.34	36.55	42.40
文化教育衛生	4.95	7.31	6.96	12.71	10.03
行政費	16.84	16.21	12.10	14.29	11.77

出所：表1-1に同じ。

建国以来トップを占めていた軍事費が初めて経済建設費に追い抜かれている。軍事費の予算額は前年実績より抑えられ、反対に経済建設費は大きく引き上げられている。朝鮮戦争の停戦の見込みとそれに伴う長期的戦略に対応したものといえる。表1―2で支出の構成比をみてみると、軍事費と経済建設費だけで六割以上（実績では七割以上）を占める点は、五〇年以来変わりがない。だが、表1―4で五二年の経済建設費の内訳を五一年と比較してみると、絶対額が倍近く増加していること、とくに重工業が倍以上となり、ほかの工業建設費と比較してもその伸びが顕著であることがわかる。燃料工業をのぞく工業建設費における、重工業と軽工業（紡織をふくむ）の比率を計算すれば、五一年で重工業五〇・五%、軽工業四九・五%、とほぼ同じであったが、五二年には、それぞれ六八・八%・三一・二%と重工業の比率が大きくなっていることがわかる。「精兵簡政・増産節約」方針で述べられていた重工業・国防工業優先の方針は、確かに実行に移されていた。そして、こうした重工業化を中心とした積極的経済建設という特徴は、第

表1-3　予算の調整

①51年予算の調整　　（単位：億元）

	収入指数	実数	支出指数	実数	赤字指数	実数
予算	100.00	695,011	100.00	695,011	100.00	72,967
2月調整	111.87	777,509	119.47	830,330	141.57	103,299
3月調整	116.85	812,120	118.71	825,048	134.56	98,184
6月調整	138.60	963,285	138.71	964,050	139.68	101,920
最終調整	130.91	909,839	144.06	1,001,233	256.19	186,934
決算	207.65	1,443,191	159.54	1,108,871	142.13	103,713

②52年予算の調整

収入　　（単位：億元）

	予算額	調整額	増減
各項税収	91.76	92.56	0.8
国営企業収入	36.97	47.32	10.35
保険金融	4.44	2.98	-1.46
その他	25.68	28.00	2.32
収入合計	158.86	170.86	12.00
赤字		18.45	18.45
総計	158.86	189.32	30.46

支出

	予算額	調整額	増減
軍事費	44.38	44.38	0
経済建設費	58.06	83.54	25.48
文化教育衛生	20.18	23.17	2.99
行政費	22.70	23.69	0.99
その他	6.84	6.41	-0.43
予備費	6.69	5.94	-0.75
支出合計	158.86	187.12	28.26
黒字		2.19	2.19
総計	158.86	189.32	30.46

出所：表1-1に同じ。

表1-4　経済建設費の内訳　（単位：億元）

	1950年	比率%	1951年度	比率%	1952年度	比率%
工業	7.5865	48.34	13.3319	39.64	23.7027	34.95
重工業			5.3281		12.8061	
燃料工業			2.8038		5.0638	
紡績工業			2.5005		2.7272	
軽工業			2.6995		3.1056	
交通	2.6028	16.59	6.7462	20.01	10.0176	14.77
農林水利	1.6548	10.55	4.3460	12.92	8.5640	12.63
貿易	2.6576	16.93	5.6213	16.71	12.4023	18.29
合作事業	0.1192	0.76	0.0885		0.7474	
銀行	1.0045	6.40	0.0141		0.2984	
資源探査	0.0129	0.08	0.0606		0.2203	
塩業	0.0543	0.35	0.2341		0.1844	
酒タバコ専売	0.0005		0.2538		0.1646	
建築工事					1.1975	
公私合営企業					0.4265	

出所：表1-1に同じ。

一次五カ年計画期以降、社会主義体制下でよりいっそう顕著となっていくのである。[28]

（三）「過渡期の総路線」

各種大衆運動による国内の統合の進展、さらには国営経済の優位が確立し、私営経済に対する政府の指導が強化されることにより、毛沢東は社会主義体制への早期移行について自信を深めたと思われる。毛が党内において「過渡期の総路線」を口にしはじめたのは、「三反」・「五反」運動が終結してまもない五二年九月のことであった。薄一波の回想によれば[29]、このときの毛沢東の講話は、おおよそ次のようであった。

われわれは、今からすぐに社会主義への移行を開始し、一〇年から一五年の時間で基本的に完成させなければならないのであって、一〇年あるいはそれ以降になってようやく移行を開始するのではない。工業は、私営と国営の比率が三対七、小売商業では四対六で、さらに五年もすれば私営の比率はさらに小さくなるが、このときにはまだ社会主義ではない。しかし一〇年、一五年たつとどうか。そのときには私営商工業の性質は変化し、公私合営・加工注文・労働者管理などですでに共産党と離れられなくなっている。

薄一波は回想録のなかで、毛沢東の新民主主義の捉え方が、この時点で変化していたことを指摘している。つまり、建国時には、新民主主義を一五年くらい続けた後で社会主義への移行を考え始める、としていたが、この頃には、新民主主義とは社会主義への移行期であり、それを一〇年から一五年で完了するというものに変わっていた、と。ただ、薄一波はこうした変化を、当時の情勢を的確につかんだものであった、と肯定的に評価している。認識を変えることになった情勢変化として、彼は大衆運動によって社会主義改造の政治的基礎ができたこと、経済が回復し、さらに国営経済が優位をしめ、物質的基礎ができたことなどをあげている。前者はまさしく大衆運動の意義を認めるものであるが、後者の国営経済の優位という社会主義移行への経済的基礎もまた「三反」・「五反」運動を契機に生じたものであった。つまり、社会主義への早期移行を選択するさいに、大衆運動によって生じた社会経済的変化がきわめて大きく作用していたのである。

以下、社会主義体制の基礎が、いかに大衆運動によって準備されていったかを、各方面から、より詳細にみていく。

●注

（1）戦局の推移および中国側の認識は、軍事科学院軍事歴史研究部『抗美援朝戦争史』第一巻〜第三巻　軍事科学出版社　二〇〇〇年、を参照した。

（2）董志凱主編『一九四九—五二年中国経済分析』中国社会科学出版社　一九九六年　一二五頁。

（3）薄一波『若干重大決策与重大事件的回顧』（以下、『回顧』と略記）上　中共中央党校出版社　一九九一年　九九—一〇一頁。

（4）毛沢東「做一個完全的革命派」（一九五〇年六月二三日）中共中央文献研究室編『建国以来重要文献選編』第一冊（以下、『重要文献』①と略記）中央文献出版社　一九九二年、三二一―三二五頁。

（5）毛沢東「為争取国家財政経済状況的基本好転而闘争」（一九五〇年六月六日）『重要文献』①　二五〇頁。

（6）「中財委関於凍結現金和物価措施指示（節録）」中国社会科学院・中央档案館編『一九四九―一九五二　中華人民共和国経済档案資料選編・金融巻』（以下『金融巻』と略記）中国物資出版社　一九九六年、二四五―二四八頁。

（7）『金融巻』九〇―一〇四頁。

（8）陳雲「抗美援朝開始後財経工作的方針」『重要文献』①　四六八―四七八頁。

（9）陳雲はこれを「大根の皮むき」と「牛乳しぼり」の方法と表現している。

（10）以下、予算については、中国社会科学院・中央档案館編『一九四九―一九五二　中華人民共和国経済档案資料選編・綜合巻』（以下『綜合巻』と略記）中国城市経済社会出版社　一九九〇年、八七一―九二八頁の各表および記述を参照。

（11）「中共中央関於鎮圧反革命活動的指示」（一九五〇年一〇月一〇日）『重要文献』①　四二〇―四二三頁。

（12）「関於不要到処修工事給張雲逸等的電報」（一九五一年一月二九日）中共中央文献研究室編『建国以来毛沢東文稿』第二冊（以下、『毛文稿』②と略記）中央文献出版社　一九八八年、八五―八六頁。

（13）ただし、「匪賊」や「土匪」およびそれを鎮圧する活動である「剿匪」という言葉は、辺境地域に対してのみ使用され、都市部の旧地主階級や国民党関係者などには使用されない点などからみて、共産党指導者に両者の区別が全くなかったわけではない。一方「反革命分子」あるいは「反革命鎮圧」という言葉はより幅広く使われ、辺境および都市部の両者を含む。

（14）小林弘二『二〇世紀の農民革命と共産主義運動』勁草書房　一九九七年、一四八頁。

（15）馬斉彬・陳文斌等編著『中国共産党執政四十年』（以下『中共四十年』と略記）中共党史資料出版社　一九八三年　三一頁。

（16）「中共中央政治局拡大会議決議要点」（一九五一年二月一八日）『重要文献』②　三九―四三頁。

(17)「関於鎮反部署給上海市委的電報」(一九五一年一月二一日)『毛文稿』② 四七頁。
(18)『中共四十年』五五頁。
(19)「中共中央関於実行精兵簡政・増産節約・反対貪汚・反対浪費と反対官僚主義的決定」『重要文献』② 四七一―四八五頁。
(20)中共は都市の接収とその後の運営管理をすみやかに行うため、国民政府の機関や企業の人員を、基本的にそのまま丸抱えすることを原則とした。そのため、もとの政府機関の人員に中共の幹部が加わり政府人員が急激に増大した。政府は職員に対して、財政困難に配慮して「三人前の飯を五人でわけあって食べる」ようによびかけた。
(21)『綜合巻』八九八―八九九頁。
(22)陳雲「関於経済工作和財政工作的報告」(一九五一年一一月二五日)財政科学研究所編『十年来財政資料匯編』第一輯 財政出版社 一九五九年、一四三―一五〇頁。
(23)中国社会科学院・中央档案館編『一九四九―一九五二 中華人民共和国経済档案資料選編:工商体制巻』(以下『工商体制巻』と略記)中国社会科学出版社 一九九三年、九七六・九八三頁。
(24)「中共中央関於在『五反』闘争中及以后必須達到的八項目的的指示」(一九五二年三月二三日)『重要文献』③ 一二八―一三〇頁。
(25)「団結起来、劃清敵我界限」『重要文献』③ 二九六―二九九頁。
(26)『中共四十年』四三頁。
(27)中央財経領導小組辧公室編『中国経済発展五十年大事記』人民出版社・中共中央党校出版社 一九九九年、四一―四二頁。
(28)小杉修二『現代中国の国家目的と経済建設』龍渓書舎 一九八八年。
(29)以下、薄一波の回想は『回顧』上 二一三―二一七頁。

第二章　金融業の再編

本章では、経済の動脈である金融がいかに政府によって掌握されていったかを、朝鮮戦争を契機として転換した政策と大衆運動の展開とに注目して考察する。金融業では「三反」・「五反」運動を契機に、他に先駆けて社会主義改造（業種全体の公私合営化）が行われた。改造が終了した五三年四月、人民銀行（以下、人行）総行党組は、私営金融業との団結と闘争に各種の方式があったと述べ、第一に政治的方式として行政管理と大衆運動（職員労働者の「五反」）を、第二に経済的方式として、おもに金利の引き下げと業務競争をあげている[1]。しかし、中央銀行が政府から独立した機関でない中国では、後者の経済的方式というのも、所詮は政治的に選択され実施されたものであった。よって金利の引き下げや業務競争というのも広い意味でいえば政治的方式といえる。一方、政治的方式とされている大衆運動は、政治的に上から発動されたものではあるが、大衆がひろく動員され、まきこまれていったものであり、一般的な政策とは異質な要素をもち、また影響力も甚大であった。そこで本章では、第一節で行政管理・業務競争を、第二節で大衆運動を中心に考察していく。

第一節　通貨管理体制の確立過程

（一）建国直後：「官僚資本」の没収と管理の開始

①初歩的再編

建国当初の金融業の状況を概観しておく。まず、政府は国民政府時代の四行二局一庫を「官僚資本」として没収し、人行に併合した。ただし、交通・中国の二行は、事実上の国家銀行として存続し、それぞれ長期信用・外国為替の専門業務を担当した。そのほかの中堅銀行では、新華・中国実業・四明・通商の四銀行を、政府持ち株が多いことを理由に公私合営の「新四行」に改組し、のちにはさらに建業をくわえて「新五行」とした。上海銀行および金城銀行は、一部株式を没収して公股（政府持ち株）としたが、その比率は小さく、基本的には私営の性質を保持することになった。小規模な銀行・銭荘（以下、行荘）は登記・審査をへて存続を許可するか、あるいは閉鎖した。こうして初歩的な再編が行われたのである。金融の中心地である上海では、四九年五月の「解放」当時、二〇三の行荘が存在したが、初歩的再編の結果、四九年末には一七一に減少していた（表2―1）。

②管理の開始

「解放」後、大行政区ごとに金融管理法令が制定され、行政管理が開始された。資金力の弱い行荘を淘汰する役割をはたしたのは、法令のなかの増資規定であった。上海では、増資できず閉鎖する金融業者が一九八社のうち二〇社にのぼった。[2]とはいえ、同時期においては、私営金融業の勢力が相対的に強く、政府の管理および規制能力には大きな限界が存在していた。例えば、建国前後に各地に利率委員会が設立され、公定金利を決定したが、それには拘束力がほとんどなく、ヤミ金利が公定金利より二〇～三〇％、ひどい場合には一〇〇％も高いという状況がつづいたのである。[3]

（二）財経統一時期

①財経統一

三月三日、政務院財政経済委員会（以下、中財委）は「財政経済工作の統一に関する決定」を公布し、戦時の解放区ごとの分散管理体制から、中央が統一的に指導・管理する体制への移行に着手した。それまで地方収入としていた税収のほとんどを中央へ帰属させて中央財政を強化し、財政赤字をおさえるとともに、地方の放漫財政をひきしめたのである。同時に、同決定により人行が国庫を代理して管理することが規定され、公的資金は一定の保有限度額をのぞき全て人行に預金することが定められた。その後、四月七日の「国家機関の現金管理を実行することに関する決定」[4]で具体的に制度化され、以後、人行を現金管理の実施機関とし、現金出納の中心とする現金管理制度の実現をめざしていくことになる。

②現金管理の実施

ここでは、人行上海分行（支店）を例にとりあげる。[5]上海分行では、五〇年三月に貿易・鉄道・電信・燃料の四事業について、それぞれ金庫（企業金庫）を設立した。四月には、宣伝動員、具体的には国営企業・機関の責任者を召集して会議を開催したり、あるいは人行の責任者が各企業へおもむき現金管理の意義を説明してまわったりした。従来複数あった預金口座を集中させたり、専用小切手の使用をすすめたり、現金保有額の規定などを行った。さらに五月には、振替決済や収支計画編成の推進へとすすんだ。

こうした工作の成果として、上海分行の盧鈍根はつぎの四点をあげている。第一に、資金量の増大。預金が二月末から四月末までで、二、三九七億から一兆九四二億元に増加し、企業金庫の四、七三七億元とあわせて一兆五、六七九億元を保有するに到った。第二に、現金取引の減少と振替決済の増加。現金取引金額は全体の三・一七%へと激減した。第三に、機動的調達ができ、手元資金の減少が可能になった。預金のうち一〇%程度のみを残し、あとは総行（本店）へ上納・運用することができた。第四に、機関・国営企業との関係強化。

こうした現金管理推進の結果、「成果」の一点目にあげられているように、人行および政府は巨大な資金を掌握することができ、しかも現金取引を抑制することで、そうした巨額の資金を安定的に保有・投下する環境が整えられたのである。この現金管理は財経統一という中央政府の政策遂行能力を高めるために必要不可欠な措置の一環であったが、一方で財政の健全化・現金流通の調整・現金使用の節約が目的としてかかげられているように、五〇年三月以前のインフレ状況に対処する側面ももっていた。

③インフレの克服

中国経済は内戦末期以降、すさまじいインフレ状況にあったが、そもそもの禍根は、巨額の財政赤字を通貨増発で補填したことにあった。したがって、まず市場から過剰な通貨を回収する措置が講じられたのである。陳雲は物価安定のための「四路進兵」として、税収管理の強化・国債の発行・貨幣の回収・物資の買付をあげているが[(6)]、いずれもその主眼は貨幣回収にあった。

一般に、このときの貨幣回収には、国債発行・徴税・預金獲得が大きな役割を果たしたといわれる。国債は五〇年一月から発行されたが、利息が当時の金利と比較して異常に低く[7]、また通貨代用としての流通も禁じられたため、その購入は非常に不利であった。そこで国債消化のため、資産家や商工業者に強制的なわりあてが行われた。さらに商工業者に対しては、徴税も強化されたが（「突撃的徴収」）、にもかかわらず、徴税任務は達成できなかったという。結局のところ税金は経済が好転しなければ、その徴収には限界がある。預金についてみると、人行および公私合営銀行に預金ノルマを与え、社会に大量に存在する遊資を積極的に預金吸収することにつとめたという。しかし、常識的に考えてインフレが進行している状況下での預金は有利とはいえず、その獲得工作は非常に困難であったであろう。事実、三月初旬に各地で物価上昇が沈静化しはじめた後、ようやく従来の実物重視・貨幣軽視現象が逆転し、各行荘における預金が増加するようになったという。四月一日の私営・合営行荘の預金総額は三、七一五億元であったが、一五日には四、五七五億元へとわずか半月で二〇％も増加したことが、それをよく表している[8]。つまり、預金の増加は、物価下落の要因というよりも、物価下落によって促進された結果といえる。その後、預金増加傾向は、先述の貨幣管理の開始により、さらに促進された。政府機関の資金は人行に集中管理されるようになり、人行の預金総額は急増する（表2―2）。四月末の人行の預金額は、二月末にくらべ七倍以上に増大したという報告もある[9]。ただし、公的資金の集中は、物価上昇が沈静しはじめた後のことであり、インフレ収束の直接的契機とはいえない。要するに、物価安定に決定的作用を及ぼしたのは、巨額の国債発行であった。上海では、強制的な国債割り当てのために、三三の金融業者が倒産したほど、その影響力は大きかったのである。

こうした強引な通貨回収はインフレ克服に功を奏したが、一転してデフレに陥ってしまった。五〇年三月の物価を一〇〇とすると、四月七五・一、五月六九・二と急激に低下している。[10]商工業にとって、こうした急激な物価下落は大きな打撃となり、倒産や休業があいついだ。当然のことに、失業者も急増し、社会不安が醸成されたのである。

政府はこうした状況に対処するため、急遽、商工業に対する調整政策を採用することにした。税制の改定や金融緩和なども行われたが、主要には政府から民間への「委託加工・注文生産」を拡大することで、商工業の困難を解決しようとするものであった。一連の調整政策により景気は回復にむかう。また同時期に朝鮮戦争が勃発し、戦争特需があったことも、中国経済の回復を助けたと思われる。ただし副作用として、商工業の政府依存を高める作用ももたらした。私営工業の総生産額に占める「加工・注文」の比率は、四九年の一〇%から、五〇年には三一%に増え、その後も五一年四三・一%、五二年五八・八%と増え続け、[11]私営工場はしだいに政府の下請け化していくことになるのである。

④金融業への影響

金融業でも五〇年三月以降、景気後退の直接的影響をうけ、およそ半数が倒産するに到った。表2―1でわかるように、上海では、五〇年二月の一六三社が五〇年五月には七八社になり、[12]全国でも、四九年末の八三三社から五〇年三月以降には四三一社に約半減し、職員数も三万人から二万人に減少したのである。[13]金融業における急激な経営悪化の要因は、第一に回収不能債権の増加であった。金城銀行では貸出総額七九・二億元のうち、じつに半数以上の四四億元が回収不能となり、五〇年四月には六・八億元の赤字を出す見込みとなっていた。[14]また景気後退による資金需要の減少から、金利が低下したことも金融業の経営を圧迫した。

くわえて金融業には、他産業と異なる大きな要因があった。強大なライバル、人行との競合関係である。四九年末

表2-1　金融業者数

①上海

解放当時	203	
解放直後	198	
49. 9. 20	178	増資不能のため消滅
49. 10.	177	
49. 11.	173	
49. 12.	171	
50. 2. 5	163	
50. 5.	78	3月に公債わりあてにより倒産
50. 7.	65	

出所：三木毅　250頁。

②全国

	1,032	
49年末	833	
50. 3以後	431	人員3万人→2万人
51. 10.	168	1万9千人

出所：人民銀行総行報告（51.10.31）『金融巻』969-973頁。

表2-2　預金額　（単位：%）

①全国の預金総額　指数

49年	1,007	100
50年	13,170	1,307
51年	54,337	5,396
52年	86,088	8,548

出所：三木毅　451頁。

②人民銀行の預金額

50年 3月末	4,283
50年 4月末	10,896
51年10月末	27,000

出所：三木毅　449頁。

③個人貯蓄

	国家銀行	公私合営	私営	計
1950年1月	2,700	700	4,200	7,600
1950年7月	13,000	3,000	6,000	22,000

出所：人行総行の報告（51.10.31）『金融巻』969-973頁。

の七大都市における民間預金の内訳を見ると、私営行荘が七一・一％と圧倒的多数を占めていた。しかし五〇年五月には、国家銀行四四・六％・私営三一・六％・合営二三・八％と比率が大きく変化している。[15] さらに人行は、現金管理実施以降、巨額な公的預金を一手に扱い、全国預金総額の九割までをも掌握するにいたったのである。つまりこの時点で、金融においては、国営経済がかなり優位にたち、指導的地位をしめていたと言えよう。

ただし、こうしたことによって一直線に社会主義改造へと進んだわけではない。この頃、人行総行の責任者は「国営経済は無限に発展する」とか、「我々の政策はブルジョワジーと利を争うもの」などという発言をしていたが、こうした発言は極左的として毛沢東らの批判をうけたという。[16] 八月には、金融業においても調整政策を行うために「全国金融聯席会議」が開催され、私営行荘と人行との関係強化（再抵当・再預金・代理業務など）が決定した。この時点では、私営行荘にもそれなりの発展の余地がある、とみなされていたのである。実際、五〇年夏以降の景気回復により、私営企業を顧客とする私営行荘は預金額を伸ばし、一定の発展がみられた。

だが同会議で私営側がもとめた「公と私のすみわけ」、つまり人行は公的資金を扱い、私営行荘は民間業務を行う、という主張はしりぞけられ、私営行荘と巨大な人行との競合関係が存続することになった。[17] また、ほとんどの行荘が、建国前からの人員過剰・機構膨張という問題をかかえていたが、人員削減は労組の力が強いため困難であり、根本的好転は望めなかった。当時、銀行が既存の機構と人員をかかえるならば「預金が五倍に増えてはじめて収支の均衡がとれるが、現在のところ不可能」と報告されている。私営行荘が根本的に経営を発展させるには、大規模なリストラが必要であったが、それは政府に頼るほかなかったのである。政府は公私合営化後のリストラは支援したものの、合営化以前には、労資協調を促すだけであった。

このように、非常に厳しい経営環境のなかで各行荘は経営基盤強化のために、聯営や合併、公私合営化を模索していく。これは「小さなものは聯営、大規模なものは依存させる」という政策に合致するものでもあったが、主要には、行荘側の経営努力と捉えられるべきであろう。

（三）朝鮮戦争参戦後の変化：通貨管理の強化

①預金凍結とその影響

五〇年一〇月上旬、政府は朝鮮戦争への参戦を最終的に決定した。その後、物価は上昇傾向となり、人行の預金が減少しはじめる。軍隊と政府機関が参戦準備のために大量の物資買付を行ったことが原因であったが、預金ひきだしを放置すれば、六～七兆元の現金が不足する見込みとなった。政府は金融危機の可能性があると考え、一一月五日から公的預金を凍結し、農産物などの買付を一時延期するなどの緊急措置をとって、物価をおさえることを決定した。[18]

つづいて一一月一四日、中財委は「預金凍結に関する補充指示」を出し、凍結されていない一部の預金に対しても、現金管理を厳格に執行すること、公的機関・国営企業間での取引の無現金化や手元資金の検査強化を強調した。こうした緊急措置の結果、物価は急速に安定にむかった。全国卸売物価指数（四九年一二月を一〇〇として）をみてみると、一〇月末一九七、一一月上旬二〇三、中旬二〇二・三、月末二〇〇・六となっており、一一月上旬をピークにやや下降して安定したことがわかる。[19]

このように、きわめて迅速に効果があらわれたことは、国営経済が「加工・注文」を通じて、市場における作用を相当程度強めていたこと、公的資金の影響力の大きさを示すものである。一方、こうした措置はその副作用として、商工業の停滞をまねくことになった。公から私への資金流入がとまり、商工業の運転資金が欠乏したからである。私営行荘の預金は凍結当初、急激に減少し、経営に支障をきたしたが、人行からコールローンなどの支援をうけ、さらに貸付縮小・債務回収を強化するなどして対処した。

②通貨管理の開始

一二月一四日、四〇日間の預金凍結を解除したが、かわって現金をふくむ全ての流通手段を管理する通貨管理を開始した。三月以来の現金管理を強化・拡大して、より強力に資金を掌握することを目指したのである。これに先立ち、一〇月に開催された第一次現金管理会議で、通貨管理工作のための基本法令をすでに完成させていた。このときの会議報告では、「通貨管理は社会主義国家の財政経済政策の主要な一部である」と述べられ、三月からの現金管理は通貨管理の一部にすぎず、第一歩であるという認識が示された[20]。つまり、より上のレベルを目指すことが展望されたわけであるが、現金管理の実施当初より、こうした認識があったかどうかは疑問である。これ以前に、このような認識はみられないし、また第一歩とされた現金管理ですら、全国的には、まだ十分に展開していなかったからである。

広州での実施過程をみてみると、認識の転換にともない、工作のペースが加速されていったことがよくわかる[21]。広州は新解放区であることから、現金管理への取り組みが遅く、九月になってもまだ準備工作の段階にとどまっていた。それが一〇月に、上級から収支計画の編制をひろく行うようにとの指示をうけると、急速に遅れをとりもどし、一〇月末にはすべての機関・企業が口座を開設するまでになった。さらに各機関・企業の資金保有額を決定し、収支計画を編制するという次の段階にすすんだ。このように春以来比較的ゆっくりとしたテンポですすめられていた現金管理が、一〇月以降、加速して全面的に推進されていったのである。五〇年春の段階で現金管理を実施したひとつの目的は、インフレ抑制であったため、インフレがおさまった夏以降、それほど工作を強力に推進する要因がなかったのであろう。しかし朝鮮戦争参戦後は、再度そしてより強力に金融統制を行う必要が生まれたのである。

つぎに五〇年一〇月頃の全国的実施状況をみてみると、国営企業と機関の八八％が人行に口座を開設（大都市では一〇〇％）し、うち六〇％が手元資金の限度額を規定し、五四％が振替を実行、五〇％がこれらの工作について検査を受けたということである。[23]

まとめると、政府は参戦後の金融危機を契機に、公的資金を全面的にコントロールすることをめざし、そしてほぼ達成したといえる。つぎには、こうした統制の網が民間資金にまで拡大されていく。当時、「加工・注文」などにより、公から私への現金支出が毎月一〇兆元にものぼっていた。この公から私へ流出する資金を掌握することをめざしたのである。

③民間業務の拡大

五〇年末に開催された第二回全国金融会議では、人行の五一年中心工作として、金融市場の安定・城郷内外交流の全力支援とならんで、民間業務の展開があげられた。五一年五月の人行区行長会議で、さらに具体的な方針が決定し、私営企業に対して「大出大進」（積極的に貸出、積極的に預金を吸収する）方針が提起された。その際とくに「大出」つまり貸出拡大を主体として、私営企業との関係強化をめざすことが決まったのである。[24]

同時に、合営銀行の集団化と指導強化を目的として、五一年五月二七日に五行聯合総管理処が成立した。集団化の意義は、人行の指導・監督を貫徹し、強化することにあるが、合営銀行の私営企業との結びつきを利用して、民間業務の拡大の助けとすることもあげられている。実際、社会主義改造後の合営銀行は、民間業務をあつかう人行の一機構としての役割を果たすようになっていくのである。

金城を中心とする「北五行」も「新五行」の聯営に刺激され、また、人行上層部から直接的指導をうけ、以前からあった聯営の動きを加速させた。九月一日、「北五行」の聯合総管理処が成立した。上海銀行もすでに七月に、政府の投資を受け入れて公私合営化しており、単独で総管理処が成立していた。

こうして上海では、五一年一〇月に三つの公私合営聯合総管理処と小銀行・銭荘が組織する二つの私営聯合総管理処に集団化・再編されたのであるが、これは単なる過渡的再編にすぎなかった。わずか一年後には、私営・合営のすべての金融業が一つの総管理処に合併することになるのである。

人行は民間業務推進の目標として、五一年一年間で取引先を一〇万社から三〇万社に増やすことをかかげてこれを達成し、預貸金額も倍増させた。[25]だが、私営商工業との関係では、やはり私営行荘の方に強みがあった。五一年一一月、華東・中南両区の視察報告では、人行と私営商工業との関係はまだ一五～二〇%にすぎない、と述べられている。[26]

一方、五一年は戦争需要により、商工業は大きな利益をあげられる状況にあった。私営行荘の預金もめざましく伸び、五一年後半に私営行荘の預金額はほぼ倍増していた。まさしく五一年は、金融業もふくめ私営企業にとって「黄金期」であった。

しかし一方で銀行間の貸出競争が激化し、政府から「盲目的競争」と批判をうけることになった。のちに当時の「金融業は公私合営の名をかたって、国家銀行から業務を争奪し、国家の指導に対抗しようとした」と述べられているが、[27]これは、民間業務をめぐり、人行と私営・合営行荘との競合関係が熾烈になっていたことを指していると思われる。

つぎに、五一年から五二年に、連続して展開された各種大衆運動の金融業における展開過程について、少し細かくみていきたい。

第二節　大衆運動と社会主義改造

朝鮮戦争への参戦を契機に、抗米援朝運動が組織され、同時に「反革命鎮圧」運動も激化・変質していった。ここでは、「反鎮」と抗米援朝運動、「三反」・「五反」運動の金融業における展開とその影響とを考察する。

（一）「反革命鎮圧」運動

「反鎮」は本来、国民党勢力の残党処理であり、内戦勝利後の治安回復を目的としたものであった。社会の安定にともない五〇年春以降、比較的寛大な措置がとられるようになっていた。だが一〇月に「寛大すぎた」という批判が行われ、一転して厳格化していく。都市部では、五一年二月に中共中央が「真剣に厳格に大規模に行うべき」という指示を出して以後、本格化する。この指示では、北京・天津・青島・上海・南京・広州・漢口・重慶および各省都において、数カ月内に、罪が大きく確証のある「反革命分子」を大いに殺さなければならない、と述べている[28]。これをうけて、人民大会や控訴大会（告発・闘争大会）が行政単位あるいは職場単位で、次々と開催され、多数の「反革命分子」が摘発され、その多くが死刑に処された。

中国実業銀行のケースをとりあげて、この「反鎮」運動が各銀行でどのようにすすめられたかをみてみる。『解放日報』五一年五月四日の記事によると、中国実業銀行での展開過程は次のように報じられている。五一年四月、まず労働組合が大々的な宣伝を行い、いくつかの単位で控訴会が開かれた。従来、職員は「銀行に特務がいるはずがない。特務の標的は工場だ」と考えていたが、ある日、トイレに反動的標語が書かれ、また「人民の指導者」の肖像がやぶられるということがあり、警戒心を高めた。「反鎮」は「両党の争い」（共産党と国民党との抗争）と考えていた人も認識をあらため、思想をはっきりさせ、その後愛国公約締結の気運がたかまり、公約を締結した。その公約には『「反鎮」に協力すること』が盛り込まれた。また職員は「反鎮」文献の学習と「反特展覧会」の参観を通じて「反革命分子」の罪悪を認識し、「麻痺思想」を克服した、という。[29]

こうした過程をみていくと、従来、公安や軍の仕事であったはずの「反革命分子」の摘発が、各種の教育・宣伝を通じて人民ひとりひとりの責務と認識され、職場においても身近な問題となっていったこと、とくに「破壊工作」がなかった銀行においてさえ、宣伝や控訴会を通じて、職員の「反革命分子」への警戒心が高められ、認識が変わっていったこと、そうした変化の結果、愛国公約の締結がすすめられたことなどがわかるのである。

「反鎮」とともに、人々の思想を変え、愛国心を喚起することで、人々を戦争に協力させる作用をもったのが、つぎの抗米援朝運動である。

（二）抗米援朝運動

この運動は、さまざまな形式で展開された。例をあげると愛国増産運動・愛国主義労働競争・愛国公約締結・愛国的納税・愛国儲蓄運動・献金運動（飛行機・大砲献納運動）などである。いずれも、愛国主義のもとに大衆を組織・動員していく役割を果たした。

金融業では愛国主義儲蓄競争という預金獲得競争が展開され、労働者・農民などの個人預金を急速に吸収した。[30]たとえば、人行上海分行の職員は「大世界」（娯楽施設）の労働者が深夜帰宅するのをまって、営業活動を行い、その結果、労働者の五〇％、舞台労働者の九〇％以上を預金者として獲得した。また合営銀行の新華では預金新記録競争が行われ、三月初めまでに前年の預金最高記録を突破した。さらに人行では五〇年一一月から「くじ付き貯金」を開始し、人々の射幸心をあおって、個人貯蓄を伸ばすことに寄与したのである。

五一年夏以降は、六月一日の抗米援朝総会の「愛国公約・武器献納」のよびかけに応じて、愛国献金運動が展開された。たとえば、中信銀行は、六月度の純益一億元あまりを全額寄付するとともに、七月以降の寄付計画を提出している。[31] こうして八月までに、上海の私営・合営金融業の職員・労働者は、一〇億元以上の寄付を行ったのである。[32]

つぎに愛国公約締結について、新華銀行を例にみてみる。[33] 同銀行では、五〇年一月に労働組合が成立し、職員・労働者に労働公約の締結をよびかけたが、形式的なものにすぎなかった。このとき公約が人々に与えた印象は、非常に悪かったともいわれている。つまり公約は、労働強化に直結するものであり、労働者たちは嫌々ながら締結したのであった。しかし五一年三月四日の「米国の日本武装」（警察予備隊の発足など）に反対する大デモに職員・労働者全員が参加したことを契機に、政治学習と政治活動への意欲が高まり、愛国公約の締結へむかったという。さらに八月からは、公約がきちんと実行されているかどうかの検査が全面的に展開された。

このように各銀行では、五一年三、四月頃から「反鎮」運動と抗米援朝運動が進展していった。愛国公約のなかに「反鎮」がもりこまれていたように、両者は密接に結合してすすめられていった。「反鎮」では人民か人民の敵である「反革命分子」かが峻別されるが、人民ならば、「反革命分子」を摘発しなければならず、また業務競争に精を出したり、寄付をしたりと愛国的に振る舞わなければならない。政府や党からすれば、「反鎮」と同時に愛国主義を強調することにより、職員・労働者を戦争に動員することに成功したといえる。また、デモにほぼ全員が参加したり、職場単位の公約を締結するなど、こうした運動が職場を単位として、ひとびとの組織化をすすめたことにも注目したい。

(三)「三反」・「五反」運動

「三反」・「五反」運動は、「反鎮」と同じく大規模な大衆運動であったが、「反鎮」と異なる点は、この運動が経済活動に多大な影響をもたらしたことである。五一年末から「三反」運動が開始されると、会計部門の職員・買付担当者が真っ先に批判の対象となったため、政府による買付・支払いなどがストップし、経済活動が麻痺状態におちいったからである。また、この運動の影響は、一時的な経済的混乱だけにとどまらなかった。運動を契機として、各産業において国営経済の優位が確立されていったのである。それが最も顕著だったのが金融である。

①人行の「三反」運動

『解放日報』の記事から、上海分行での展開過程をみてみる。(34) 一二月二日、動員大会を開催し、大衆のなかにある「人行の費用はすでに切りつめられており、浪費などない」「業務はすでに充分に展開しており、これ以上やっても利はない」といった意見を批判し、浪費現象を暴露した。その後、一月初めから二四日までに汚職がつぎつぎと摘発され、二八〇〇人あまりが自白することとなった。公金や物資の横領・賄賂の受け取りなどが汚職の主な内容であった。一月二〇日、上海分行副行長は課長・股長レベル以上での検査と「各層で検討、各人を洗う」という目的を達するように指示をだし、さらなる運動の展開を促した。

個人名まであげた報道はほとんどないが、数少ない事件のひとつとして人行上海分行の周剣雲の事件がある。周は浙江省銀行上海分行の元経理で、「解放」後、人行にむかえられた留用人員であった。「三反」・「五反」や「民主改革」ではこうした留用人員の過去があらためて問題視され、真っ先に容疑をかけられ、闘争対象となり、結果的に重要な職から排除されていったのである。人行は建国後、「官僚資本」を接収し機構を全国に拡大する過程で国民政府時代の金融業務の経験者を受け入れており、そうした留用人員が比較的多かったと考えられる。

報道によると、周が糾弾されたのは、ある機械工場に対して不正融資を行い投機用の資本を与えたこと、またある工場の労使紛争を調停する際、労働者の要求を抑圧したという点であった。詳しいことはわからないが、推測するに、これらは五一年に人行が民間業務を積極的に拡大していく過程で発生したものであろう。上層部が決定した「大出」方針を忠実にまもって、積極的に融資を行ったがゆえに、あるいは、取引先の工場の経営に関わったがゆえに、周は糾弾されることになったのではないだろうか。そうであれば、ある意味、人行が私営企業との関係を拡大・強化する過程で、発生した汚職であったと言える。

人行上海分行では「三反」によって多くの管理職が更迭され、それにかわって運動の積極分子九六名が抜擢されている。一般工作人員から二三名が課長に、三名が辦事処主任に、五六名が股長にそれぞれ昇進した。さらには練習生から一気に副主任になったり、用務員から副股長に抜擢されたりした例もあった[35]。逆からみれば、それだけ多くの管理職が職を追われたのである。

つぎに私営行荘にとっての運動の意味を考えてみたい。

②私営金融業への影響

金融業ではほとんどの企業に違法行為があり、それが暴露されて信用を失墜させ、そのため運動後に私営金融業は淘汰された、というのが従来の通説であった。だが、管見のかぎり、新聞紙上には、人行に関する報道があるのみで、私営・合営銀行における「五反」に関する記事は見あたらない。報道がなくても、運動自体は行われたと思われるが、ただ私営行荘と同時に人行も違法・汚職について厳しい追及をうけているからには、私営行荘と同様に、人行も信用を失墜させるはずである。しかし、実際には「三反」・「五反」において、私営・合営の金融業のみが壊滅的打撃をうけ、運動を契機に公私の勢力関係は決定的に変化する。「国家銀行が急速に私営行荘の陣地をとってかわっ(36)」たのである。

八大都市における民間預金・貸出にしめる公私比率をみてみると、預金では、五一年末、国家三五・九％・私営合営六四・一％であったが、五二年七月には五八・二％・四一・八％になり、貸出では、五一年末に国家二五・九％・私営合営七四・一％であったが、五二年七月には、七四・五％・二五・四％と逆転している。(37)

このように私営・合営行荘が「淘汰」された直接的要因としては、金融業者が次々と倒産した五〇年春のときと同じ要因、つまり私営商工業者の経営難があげられる。私営商工業は「加工・発注」を通じて政府への依存を強めていたが、「三反」により、政府からの注文がとだえ、資金流入がストップした。さらに「五反」の結果、多額の罰金・追徴課税を払わねばならず、資金が底をつき、その結果、私営行荘から大量の預金が流出したのである。運動期間中に私営行荘の預金額はほぼ半減している。そのうえ経済停滞から資金需要が低下したために金利が下落し、利子差は従来の一％から〇・五％にまで縮小した。要するに預金が半減したうえに、利子差も半減したのであり、銀行経営がもはや利益を生まなくなっていたのである。そのうえ、「五反」運動は、事実上資本家をターゲットにした闘争であり、資本家であることは精神的にも苦痛を強いられる。

そこで金融資本家は「重荷をおろす」ことを選択した。五二年一二月一日、すべての銀行・銭荘が合併して公私合営銀行聯合総管理処が成立し、これにより金融業全体の公私合営化が完成したのである。

ところで、いま一度、私営・合営行荘淘汰の要因をより長期的に考えるならば、運動を契機にした経済全体における国営経済の優位確立があげられるであろう。工業総生産額では、五一年四五・九％、五二年五六・〇％へと、商業の卸売販売額では、五一年三四・三八％から五二年六三・二％へ、小売販売額では、五一年二五・二九％から五二年四二・〇％へと比率を増大させている。[38] 経済の各部門において国営・合作社の比率が上昇し、主要な部門で過半数をしめるようになった。私営企業のみを顧客とする私営金融業は、淘汰されるほかなかったのである。

第三節　小　結

金融は財政と深くかかわり、経済の根幹をなすため、政府による管理は厳格にならざるを得ない。建国にあたり作成された『共同綱領』において、金融業に対して「厳格な管理」という表現があるのも不思議はない。しかし、中国側のほとんどの研究が述べるように、この表現をもって、建国から社会主義改造までを終始一貫した政策とみなすことは、事実と反するであろう。五〇年夏には、金融業においても公私調整政策がとられ、私営行荘に発展の余地が残されたことがそれを証明している。朝鮮戦争参戦が金融政策においても大きな転換となったのである。以下、本章でのべてきたことを簡単にまとめる。

五〇年三月に公布された財政経済の統一に関する決定は、財政の統一と同時に、公的資金を人行に集中管理させることを定めていた。各政府機関や国営企業が手元に保有する現金を制限し、現金取引を抑制し、人行に管理させる現金管理工作が進展していくにともない、人行および政府は巨大な資金を安定的に保有し投下することが可能になっていった。ただし、現金管理工作は比較的ゆっくりとしたテンポで進められており、工作の推進には地域的な不均衡がみられた。ところが、一〇月の朝鮮戦争参戦を契機に金融への統制は急速に強められていく。まず、参戦直前に人行の預金が流出したことをうけて、政府はすぐさま預金凍結という手段を講じた。預金凍結解除後は現金管理の強化・

拡大がめざされた。それが通貨管理工作である。こうして、参戦にともない発生した金融危機を契機として、人行は公的資金をほぼ全面的に掌握することになる。

一方、私営金融業と人行との関係をみるならば、公的資金は人行、私営商工業は私営行荘という棲み分け的状況が存在していた。しかし、五一年に私営企業が「黄金期」に入ると、人行は民間業務へも積極的に進出しはじめ、私営金融業との競合関係が熾烈になっていった。こうした状況下、「反鎮」や「三反」・「五反」といった大衆運動が展開される。私営商工業が「三反」・「五反」運動で大きな打撃をうけると、私営行荘もまた大きな打撃を受けざるを得なかった。預金額は半減し、さらに金利も半減した。到底経営を継続していける状況ではなくなり、金融業の社会主義改造がすすめられたのである。このように私営金融業と密接な関係をもっていた私営商工業の状況については、次章で綿紡織業をとりあげて考察する。

ここで、ひとつ付け加えたいことは、当然のことではあるが、私営商工業が一方的に私営金融業に影響を与えていたわけではなく、両者は相互依存・相互作用の関係にあった。政府が金融をいちはやく掌握したことは、私営企業に対する影響力をいっそう強め、その後の他産業の社会主義改造をスムーズにすすめるのに大きな役割を果したと言えるであろう。

●注

（1）人民銀行総行党組「関於私営金融業由国家統一管理状況的報告（節録）」（一九五三年四月二九日）中国社会科学院・中央档案館編『中華人民共和国経済档案資料選編（一九四九―一九五二年）：金融巻』中国物資出版社　一九九六年（以下、『金融巻』と略記）。

（2）中国人民銀行上海市分行編『上海銭荘史料』上海人民出版社　一九六〇年初版　一九七八年再版　四〇八頁。「華東区管理私営銀銭業暫行辦法」が四九年八月二一日に公布され、上海市では、登記と資本検査の期限が九月二〇日と定められ、この日までに上海の銀行・信託会社は一億から二億元、銭荘は六千万から一億二千万元という資本額を充足させなければならなかった。

（3）三木毅『中国回復期の経済政策』川島書店　一九七一年、二四二頁。また、人民銀行上海分行「一九四九年度工作総結」（『金融巻』二二三―二二四頁）によれば、人行は「解放」当初、金利が高すぎると考え、引き下げることを目指していたが、インフレ状況のなかで効果はなかった。しだいに物価変動と金利との法則に気づき、市場の変動に応じた金利策定へと転換したという。

（4）「政務院関於実行国家機関現金管理的決定」『金融巻』八〇―八一頁。

（5）以下の記述は、盧鈍根「人民銀行上海分行執行現金管理工作的報告（節録）（一九五〇年五月一〇日）」『金融巻』二一九―二二二頁による。

（6）中共中央文献編輯委員会『陳雲文選（一九四九―五六年）』人民出版社　一九八四年、五八頁。

（7）国債の金利は、年利五％、一方、五〇年四月の定期預金金利が月利一二％、普通預金でも六％であった（中国人民銀行上海市分行金融研究室編『金城銀行史料』上海人民出版社　一九八三年　九二四頁）。

（8）新華月報社「財経統一措施后的物価与金融」（一九五〇年五月一五日）『金融巻』二三三―二四一頁。

（9）注（5）に同じ。

（10）三木毅、前掲書　四三九頁。

（11）董志凱主編『一九四九―五二年中国経済分析』中国社会科学出版社　一九九六年　一二五頁。

（12）三木毅、前掲書　二五〇頁。

（13）「中国人民銀行総行関於私営行荘要求公私合営及聯合管理的情況向中財委的報告（節録）（一九五一年一〇月三一日）」『金融巻』九六九―九七三頁。

(14)『金城銀行史料』九二四頁。
(15)「私営金融業社会主義改造基本完成、中国人民銀行総行向毛主席、党中央的報告（節録）（一九五三年三月四日）」『金融巻』九八一—九八五頁。
(16)薄一波『若干重大決策与事件的回顧』上　中共中央党校出版社　一九九一年、九九—一〇二頁。
(17)「中財委関於全国金融会議情況向毛主席並中央的綜合報告（一九五〇年九月六日）」中共中央文献研究室編『建国以来重要文献』第一冊　中央文献出版社　一九九二年、四一三—四一七頁。
(18)「中財委関於凍結現金和物価措施指示（節録）（一九五〇年一一月三日）」『金融巻』二四五—二四八頁。
(19)「中国人民銀行総行一九五〇年一二月　向中財委的綜合報告（節録）（一九五〇年一二月一七日）」『金融巻』二六五—二六九頁。
(20)「中国人民銀行：全国第一次現金管理会議総結報告（一九五〇年一〇月）」『金融巻』八七—八九頁。
(21)以下、広州での実施過程については、「中国人民銀行広州分行：一年来的現金管理工作（節録）（一九五〇年）」『金融巻』二二二—二二四頁による。
(22)上海・北京・漢口・広州など。「王静然：現金管理的主要収穫与経験（一九五〇年一一月三日）」『金融巻』二三〇—二三二頁。
(23)「中国人民銀行総行：半年来現金管理工作初歩総結（節録）（一九五〇年）」『金融巻』二二七—二三〇頁。
(24)「中国人民銀行：五月区行行長会議綜合記録（一九五一年五月）」『金融巻』三七九—三八二頁。「大出大進」方針は、改造終了後には間違った方針であったと批判をうけることになる。
(25)「中国人民銀行：一九五一年工作総結和一九五二年工作計画（一九五二年六月一二日）」『金融巻』四〇三頁。
(26)「中国人民銀行：華東中南両区私人業務視察総結（第三次修訂稿）」『金融巻』三九七—三九九頁。
(27)注（14）に同じ。
(28)馬斎彬・陳文斌等編著『中国共産党執政四十年』中共党史資料出版社　一九八九年、二九—三〇頁。

(29) 当時、「鎮反文件」として、二月二一日公布の「懲治反革命条例」・彭真「反革命鎮圧と懲治反革命問題に関する報告」（『人民日報』二月二二日掲載）・『人民日報』二月二二日社説「どうして断固として反革命を鎮圧しなければならないのか」・中央司法部部長史良「断固として正確にすべての反革命活動を鎮圧しよう」（『人民日報』二月二四日掲載）の四点があげられ、学習用に印刷してひろく配布された。とくに「条例」は、図解通俗本が発行され、五月末から一〇月下旬までに一千万冊が印刷販売された（『解放日報』一九五一年一一月二六日）。

(30) 「愛国主義儲蓄競争」の記述は、『解放日報』一九五一年三月二五日の記事による。

(31) 『解放日報』一九五一年七月一四日。

(32) 『解放日報』一九五一年八月一〇日。ちなみに、上海の商工業界全体では、八月の時点で九〇億元あまりを寄付した（『解放日報』一九五一年八月一一日）。

(33) ここでの記述は『解放日報』一九五一年一二月二日に掲載されている楊杜「愛国公約激励人民奮発前進——記新華銀行修訂愛国公約経過」による。三月四日のデモは、中華全国総工会のよびかけに応じて、上海総工会が組織したもので、全市的に大規模に、そして綿密に計画統制されたデモであった。これへの参加を通じて、多くの労働者は政治的自覚を高めたとされている。

(34) ここでの記述は『解放日報』一九五一年一二月一八日、五二年二月四日、五二年三月七日の記事による。

(35) 『解放日報』一九五二年五月一九日。

(36) 「中国人民銀行党組：一九五二年第二季綜合報告（一九五二年七月二三日）」『金融巻』四一九—四二〇頁。

(37) 「中国人民銀行私人業務管理局：私人業務情況通報（節録）（一九五二年八月）」『金融巻』四二一—四二六頁。

(38) 『中華人民共和国経済档案資料選編（一九四九—五二年）：工商体制巻』中国社会科学出版社　一九九三年　九七六・九八三頁。

第三章　綿紡織業の再編

本章では、建国初期に次々と発動された、大衆運動がどのような社会経済的状況のもと、何を契機に発動され、どのような影響を末端の社会におよぼしたのかを検討し、それを通じて、労働者と物資が政府によって掌握されていく過程を明らかにしたい。分析対象としては、綿紡織業をとりあげる。その理由は、綿製品が生活必需品であると同時に軍需品でもあることから、朝鮮戦争参戦後にその重要性が増し、政府による統制がいちはやく実施されたからである。綿紡織業では、企業の経済活動に対する、政府の統制の強化という、参戦後の大きな趨勢が明確にみられ、市場経済と統制との間の矛盾が、顕著なかたちであらわれた。まず、綿製品への統制と企業経営との矛盾を検討し、つぎに、そうした矛盾を解決するために発動された大衆運動の展開過程と影響をみていく。

第一節　建国から朝鮮戦争参戦まで

（一）公私調整：加工注文の本格化

まず人民共和国建国時の綿紡織業の状況を概観したい。一九五〇年の推定紡錘数は全国で約四五〇万で、うち国営企業が約一八〇万（約四〇%）、電動織機では九万台余のうち国営が三・六万台（約三六%）を有していた。[1] 裏返せば約六割の生産力を民間が有していたことになる。一方、生産額からみれば、綿糸では国営が四九%、民営が四七%、綿布では、国営・合作社営が六〇%、民営四〇%と国営の比率が高い。[2] 国営企業が旧在華紡の比較的優良な設備を継承しており、生産性が高かったこと、製造コストや人件費、原料調達などの面で民営よりも優位にあったことを示している。[3]

当時の中国経済は長年の戦争のためにかなり疲弊しており、経済の回復が当面の課題であった。経済全般の疲弊にくわえ、綿紡織業における最大の問題は、原綿不足であった。日中戦争後、国産綿花の供給が充分でない中、安価な外国綿花（とくに米綿）に傾斜していったが、建国後は輸入綿花の入手が困難となっていたからである。厳しい経営環境にあった綿紡織業は五〇年春にさらに危機的状況に陥る。政府は三月以降、国債の強制割り当てなどを通じて強引な貨幣回収策をとり、長年のインフレを収束させることに成功したのだが、急激な物価下落と金融の引き締めによって「四月危機」とよばれる深刻な状況をまねいたのである。商工業全般で負債過多や価格のコスト割れ、原料入手困難などが発生し、経営者の逃亡・自殺、工場の閉鎖・操業停止があいつぎ、失業・半失業者が増大した。なかでも綿紡織業は最も深刻な状況にあったと言われている。[4]

こうした危機への対応として、政府は「公私調整」・「労資協商」方針をとることになる。「解放」以来、先鋭化していた労資間紛争については、待遇改善を強調するのでなく、資本家と協力して生産に重点をおくよう労働組合を通じて指導した。また、不況を克服するための企業自身の経営努力も見られた。例えば、申新は総管理処を設立して機構の簡素化をはかったし、同業者間で操業班数・運転紡錘数の制限を取り決めたり、原綿の連購（共同購入）を行ったりといった協力体制がとられた。

しかし、不況を克服するのに最も大きな役割を果たしたのは、政府による委託加工（以下、加工）であった。国営商業機関である専業公司のひとつ花紗布公司による民間企業への加工の拡大が公私調整の大きな柱となり、とくに代理紡績（以下、代紡）が私営綿紡織業の経営を好転させる基本的要因となったのである。上海の例をあげてみると、五〇年六～一〇月に代紡が総生産量に占めた比率はじつに七三％に達した。さらに代紡を受けた三七社（操業を維持していた企業は三九社）の代紡への依存度をみてみると、一〇〇％が一二社、六〇～八〇％が一〇社、五〇～六〇％が一〇社、五〇％以下が五社と全体としてその比率が高く[5]、ほとんどの企業が生産の半分以上を代紡に依存していたことがわかる。

また、もともと経済状況改善のために採られた措置であったため、この時期の加工は単なる取引関係ではなく、救済的意味あいが強いものであった。加工の量的拡大と同時に加工賃が二〇番手綿糸で二〇四単位[6]から二二四単位へ引き上げられたが、これによって花紗布公司は代紡綿糸一件あたり綿花四六斤の損失を蒙ったという[7]。

加工拡大後、民間企業の経営は徐々に好転していった。上海を例にとると、四、五月に操業を停止した一四社が徐々に再開し、一〇月末には全五二社が再開した。操業班数も増え、五〇年一月には公営四日六晩・民営三日四晩であったが、一〇月には公私営ともに五日七晩一二班の操業を始めた。一般的には九月頃、「保本」（収支があう状態）から黒字へ転換したというが、過去の負債が莫大であったため、一二月時点ではまだ過去の負債を減らせてはいなかった[8]。

このように、政府による加工発注が経営好転に寄与したことは確かであったのだが、当初から公私間には加工をめぐる様々な問題が発生していた。加工賃のコスト計算は「中等標準」を基準にして計算されたため、規模が小さかったり、設備が古かったり、あるいは過剰人員をかかえる工場にとっては、加工賃が引き上げられてもなお採算にあわなかったのである。[9] そのような工場は民間側に多く、以後、加工賃の引き上げを随時要求していくことになる。また後に問題になるような加工製品の品質や納期の問題もすでに発生していた。

さらに別の角度からみれば、加工拡大の副作用として民間の政府依存が高まったことがあげられる。五〇年春の加工拡大措置では、とくに綿紡織と機械工業の加工に重点がおかれたのであるが、[10] このためこの二分野では他産業よりも政府への依存が高くなり、政府の動向が企業経営を大きく左右することになったといえるであろう。

(二) 参戦直後の変化

①市場管理

一〇月下旬に中国は朝鮮戦争に参戦したが、それと前後してふたたび物価上昇傾向が現れた。政府はインフレの発生を警戒し、公的資金の凍結措置などで当面の危機をのりきった。ただ綿糸は軍需品でもあり、主要な投機対象でもあったことから、生産を拡大して供給を確保し、市場での価格を安定させる必要が生じた。一〇月下旬、政府は二〇番手突撃増産の指示を発し、愛国増産運動を指導して供給を充実させることにつとめた。一方で一一月から、綿商の登録、取引の許可制、場外取引の禁止、先物取引の禁止などを内容とする市場管理を開始した。

ではこうした市場への関与は実際に効果があったのであろうか。上海では「綿紗市場管理強化規則」が一〇月三一日に公布され、翌日から施行された。一カ月後、新聞は「管理実施後一カ月来すでに大きな成果」があったと報道している。[11] 市場での卸売価格は確かに比較的安定していた。このときの市場管理は「集中交易」とも呼ばれるように、その眼目は取引を市場に集中させて、政府の監督がゆき届きやすくし、投機的取引を防止するという点にあった。しかし、ヤミ取引はヤミであるがゆえに表には現れず、市場管理によって根絶されたのかどうかはわからない。また、

表3-1　私営経済からの仕入れ方式の変化（仕入れ額の比率）

	1949	1950	1951	1952	1953	1954	1955
買い上げ	65.22	17.08	0.47	1.96		0.25	
一手販売	26.08			0.96	7.67	9.50	
統制購入			14.09	13.92	10.94	6.97	10.07
委託加工	8.70	82.92	85.44	83.16	81.39	83.28	89.93

出所：中国紡織品公司上海採購供応站編『紡織站1949至1956年加工訂貨統計資料彙編』1957年12月（上海市档案館所蔵档案　B122-2-614）。

五〇年一一月の市場管理がそれほど成果があったのであれば、五一年一月にさらに統制購入（政府による統一買付、以下、統購）を実施する必要性が見あたらなくなる。やはり市場管理の成果は部分的・一時的なものであり、さらなる統制強化が必要とされたと考えるべきではないだろうか。先に述べたように、参戦前後の物価高騰を、政府は公的資金の凍結によって抑制した。しかし、公的資金はいつまでも凍結できるものではない。軍需の伸びを考えれば、綿製品の値上がりは不可避であった。一方、実需の増大に刺激され、民間側ではすでに加工離れが一部で発生しつつあった。自主紡績（自紡）比率が五月の二七％から、五〇年第四四半期の計画では三八％以上へと拡大しており[12]、それはまた政府が掌握不能な部分の増大を意味していた。政府は綿製品の生活必需品・軍需品としての重要性から、間接的な市場管理だけではなく、より直接的に物資を掌握する必要性を感じ、統購を実施したと考えられる。

②統購（統一買付）

五一年一月四日から綿糸統購が実施された。以後、工場が生産した綿製品は基本的にすべて花紗布公司が買い上げ、綿糸・綿布商は花紗布公司から購入申請するということになった。ただし、従来の加工形式も存続し、加工（代紡）と自紡綿糸の統購という二本立てで、政府は綿製品を基本的に掌握していくことになる。統購開始に際し、上海では二〇番手綿糸の加工賃が二六〇単位に引き上げられ、統購価格はそれに原綿価格（四一〇斤）と貨物税、そして自紡利潤三五単位を加算することに決定した。[13] 自紡の方が工場の得る利益は多いのだが、両者の比率では加工が一貫して大きく、統購は一四％程度（表3—1）であった。これはひとつには原綿調達の問題があったと思われる。原料が支給される加工と異なり、自紡では原料を自ら調達しなければならないからである。綿花の買付競争を避けるために設立した公私営聯合購綿処[14]による買付は順調には進まず、結局、購綿処は花紗布公司と「花紗相互販売」契約を結ぶことで、参加企業に対し、ようやく原綿を供給しているような状況であった。五〇年一一月後半の供給のうち八割の原綿は、花紗布公司から得たものであった。[15]

次に統購の影響を検証してみたい。五一年三月四日の『解放日報』は以下のように報道している。五〇年一一月の市場管理以降も綿糸購入申請件数が毎週一万件以上あったが、統購開始後は減少し、一月はじめの三週間では七千件以下になった。購入申請者も原料として使用する複製業者の申請比率が増大した。市場における綿糸取引額は花紗布公司が行う取引額のわずか五％にすぎない。加工賃と自紡利潤は民営紡績工場が最も関心をよせる問題であるが、引き上げが行われたことから、一件あたり代紡で四五単位、自紡で五五単位の利益が出るはずである。統購により民営工場は原料購入と販路の心配がなくなり、生産のみに集中できるようになった。こうしたことから、統購の効果は「良好」であり、生産者と消費者ともに有利であり、ただ投機者のみが不利である、と評価している。

以上の記述からわかるのは、綿糸の取引が花紗布公司にほぼ独占されてしまったことであり、市場管理以降も活発であった綿糸市場が事実上、花紗布公司の小売部門に吸収されてしまったことである。絶対的に不足する綿製品を掌握して、まず軍需を保証すること、と同時に市場での価格を安定させたいという政府の目的からすれば、[16] 統購は充分に効果があったと言えよう。価格が安定したことは消費者に有利であり、投機者に不利であるのも確かである。ただし、生産者にとって有利であったかどうかについては疑問が残る。上述したように、加工賃はあくまで中等工場を基

表3-2　花紗布公司による原料の支給状況（1950-56）

単位：綿花(担)・綿糸(件)・綿布(1000m)

	1950	1951	1952	1953	1954	1955	1956
全市の紡織印染の原料使用量							
紡績用綿花	3,456,971	4,330,894	5,457,777	5,595,152		4,846,354	
織布用綿糸	487,420	701,367	842,570	966,143	1,019,697	795,870	1,069,118
捺染用未加工布	557,423	627,935	949,496	1,255,292	1,439,727	1,169,993	1,448,454
本公司の加工への原料支給量							
紡績用配給綿花	2,627,441	3,839,137	2,519,150	2,291,441	2,540,560	2,294,035	2,361,084
織布用支払綿糸	82,994	169,514	268,982	320,285	410,604	383,407	484,237
染色用支払未加工布	74,361	166,743	494,104	678,732	1,095,991	809,146	1,002,673
本公司の支給原料が全使用量に占める比率（%）							
紡織用綿花	76.00%	88.65%	46.16%	40.95%		47.34%	
織布用綿糸	17.03%	24.17%	31.92%	33.15%	40.27%	48.17%	45.29%
捺染用未加工布	13.34%	26.55%	52.04%	54.07%	76.12%	69.16%	69.22%

出所：表3-1と同じ。ただし比率は筆者が計算。

準としてコスト計算しているので、個別の工場では採算割れの可能性がある。政府の買い上げ価格は需給関係やコストの変動に素早く対応して調節されるわけではなく、また政府以外への販路も閉ざされているため、採算がとれなくても販売し続けなければならないからである。

しかしながら、綿紡織業の自由な経営を制約する統購が、とくに大きな抵抗もなく比較的順調に遂行されたのも事実である。おそらく五〇年春以来、綿紡織業における加工の比率が高かったこと、そして原料面で政府に依存していたことが要因としてあげられるであろう（表3―2）。結局のところ民間側は統購を受け入れざるを得なかったと思われる。ただし当然のことながら民間側に不満はあった。統購開始にあたり、公会（同業組合）は加工賃として二七〇単位を要求していたが、結局二六〇単位に抑えられ、公会はその後も引き上げを随時要求していくことになる。

それでは、統購を契機に政府は綿製品を完全に掌握できたのであろうか。表3―3をみると、五一年には五〇年に較べて花紗布公司が掌握する比率が飛躍的にあがっていることがわかる。ただ全体では八一%にものぼる掌握率が、民営の生産総額では五三・

表3-3　紡織站加工発注業務基本情況表（1949-1956）

	1949	1950	1951	1952	1953	1954	1955	1956
年末の関係工場数（戸数）	51	175	206	436	477	1,458	1,529	647
うち私営関係工場数（戸数）	25	149	181	383	415	1,203	1,239	－
綿紡織捺染生産総額において本站が掌握する比率（%）		31.81	81.03	70.72	67.23	80.27	76.99	75.00
うち私営生産総額において本站が掌握する比率（%）		23.88	53.31	72.20	63.51	114.50	108.51	－
私営染織業の捺染布の生産量のうち本站が掌握する比率（%）		17.08	27.81	60.54	74.43			
本站加工発注仕入れ総額の発展速度								
1949年の月間平均を100とする	100	1,046	1,937	2,931				
1952年を100とする				100	114.76	146.78	121.09	152.08

出所：表3-1と同じ。

三％であり、染色布になると二七・八％とさらに比率が低くなっている。染色布については花紗布公司の掌握率が低いのだが、これは染色業のほとんどが零細経営であり、また企業数が多いため、紡織工場にくらべて掌握しにくかったことが作用していたのであろう。統購によって、原則としてはすべての綿製品が政府に掌握されるはずではあったが、零細工場の小口販売までは統制をうけていなかったと思われる。表3―2の原料支給状況とあわせてみると、綿糸・綿布（未加工布）・染色布の順で統制の度合いが強かったと推測できる。

(三) 全国綿紡織会議：大衆運動発動前の総括

五〇年一一月二二日から一二月三日にかけて北京において、全国綿紡織業会議が開催された。ここでこの会議についてとりあげるのは、後述するように五一年には、企業内において大衆運動がつぎつぎと発動されるのであるが、同会議の内容がそれ以前の状況の総括と捉えることができるからである。

同会議では五一年の方針が「生産増、管理改善、重点的建設、着実な発展」と決定された。ここからは、純粋に経営管理の改善によって増産・品質向上をめざすという意図を読みとることができる。活発に議論された生産責任制の導入もまた同様の主旨からであった。時期的に戦争の影響は皆無ではないが、基本的な路線変更はまだみられない。つまり「公私兼顧・労資協商」という五〇年春以来の方針のもとで、資本家と政府・労働者との団結をたかめる「団結会議」でもあった[17]。

興味深いのは加工のもつ意味あいがすでに変化していることである。華東紡織管理局（以下、紡管局）局長は「代紡の利益が少ないからといって、紡績工場は自己の一時的利益をはか」ろうとしている、と批判を行い、単純な営利思想でなく、国計民生（国家の経済と人民の生活）に配慮すべきであると主張している[18]。もともと民間企業救済の措置として採用された加工であったが、五〇年末にはすでにその意味を失い、利益があがらなくても行わねばならない任務に変化してしまっていたのである。これに対して、民営企業代表は、賃金問題の解決や原料問題などとともに加工賃の引き上げを要求した。民間にしてみれば、加工はあくまで「契約」関係であり、政府が求めるような採算を度外視した「任務」とみなすことは困難であったであろう。ただし、後の「五反」運動との比較でいえば、加工をめぐるこうした公私間の矛盾は、まだそれほど大きな政治問題とはみなされていなかったことにも留意しておきたい。

第二節　大衆運動の発動

（一）五一年の綿紡織業

五一年になると、本格的戦時体制構築の模索が始まり、それと同時に大衆運動が次々と発動される。大衆運動を考察する前に、まず五一年の綿紡織業をめぐる状況をわかる範囲で確認しておきたい。五一年は一般に商工業の「黄金期」とよばれ戦争特需もあって民間企業は短い春を満喫したと言われているのであるが、綿紡織業は事情が違ったようである。

上海市では五一年三月以降、一部の民営紡織工場が資金難・負債過多・経営継続への自信喪失から工場を売却するという動きが現れた。そうした工場を買い進めるのが政府側の機関や部隊であり、公私合営化するものもあった。例えば、新生紗廠と信和紗廠は華東紡管局との合営となり、新裕紗廠一廠は上海市財政経済委員会が購入し、公営新華紗廠と改名した。大企業の中新でも七廠を、滞納した税金の納入と債務の償還のために公営としている。このように経営難から合営化した工場は八つあり、工場数では民営紡織企業工場数の一八％、紡錘数では約二〇・七万本で一七％、織機では一、五八七台で一五％を占め、ほんの一握りの動向とはいえない比率である[19]。

売却があいつぐその背景については不明であるが、五一年三月という時期からして、統購開始が要因として考えられる。統購では、企業に「合理的利潤」が与えられたのであるが、中小規模の工場、あるいは中新のような大企業でも生産性の低い工場では、採算がとれず、生産が維持できなくなったのであろう。また五一年は春以降、原綿が異常に不足し、一時的に減産あるいは操業停止せざるを得ない状況にあった。このため原綿の調達コストが高くなったことが容易に推測できる。五月に公会は加工賃引き上げを再度要求するが、花紗布公司は現行で充分であるとしてこれを却下した。結局、七月になって「自紡に利潤なし」という資本家の意見が受け入れられ、自紡利潤が三五単位から四五単位に引き上げられたのだが[20]、価格が調整される数カ月が中小企業にとっては死活問題であったのではないだろうか。

こうした苦境を反映してか、五一年にはいって以来、加工をめぐる不正行為が多く発生していたようである。上海の『解放日報』と天津の『天津日報』で報道された不正事件をできる限りひろってまとめたのが表3―4である。ここで問題になっている内容は、のちの「五反」運動の際に、「五毒」として糾弾されたことと全く同類である。刑事処分を受けた例もあるが、勤豊紗廠の例では、公会の支援をうけて経営改善を行うこと、労資が協力して品質向上につとめることなどが解決策として採られていた。「五反」と同質の問題に対しても、まだ、深刻な政治問題ではなく、主要には経営管理の問題として捉えられていたのである。

一方、中小企業の困難な状況と相矛盾するような現象ではあるが、五一年夏以降、増産捐献運動が大々的に展開された。上海の紡織業労組には一五機の飛行機を寄付するという任務が割り当てられており[21]、国営企業はもちろん、民間企業でも労資双方で増産節約寄付合同を締結する動きが起きた。天津の恒源紗廠では、八月に増産によって得た利潤四億元あまりのうち、計画を四千万元上回る一億七、一〇〇万元の寄付を行い、残りは拡大生産基金に一億二千万元、労働者の集団福利金と奨励金に一億二千万元と振り分けた。同社は九月、一〇月も計画を超過達成して毎月一億四千万元余を寄付している[22]。おそらく統購は生産性の高い大企業にとってはそれなりの利潤を保証したのであろう。しかし、そうした利潤の多くは、献金として政府へ吸い上げられていった。また献金が労組を通じて任務として割り当てられたということは、実質的には税金と変わらなかった。

(二)「反革命鎮圧」運動と反米運動の展開

①「反革命鎮圧」運動（以下、「反鎮」）

この運動は、本来、国民党勢力の残党処理であり、五〇年六月には、鎮圧を「寛大」と結合させて行うことが提起されていた。しかし一〇月一〇日に出された「双十指示」では一転して厳格化がうちだされ、参戦の影響がみられる。

さらに同指示は、案件の執行について大衆に広く宣伝教育を行うよう記されており、[23] 従来、軍や公安が行っていた「反鎮」が大衆運動へと転換していく起点となった。そして農村においては、土地改革の前哨戦となり、土地改革の急進化を招いた。都市部では、五一年二月末以降、大規模な運動へ転換し、各地区で「反動党団特務分子」の登録工作が開始されたりした。こうした運動激化の背景には、五一年二月半ばに開かれた政治局拡大会議がある。同会議は、「戦争の危機への対応を前面におし出して既存の政策の全面的見直しを行った重要会議」[24] であった。この会議ではじめて「外層」（一般社会）・「中層」（政府機関・国営企業）・「内層」（中共党内）の「反革命分子」[25] 粛清が提起されたのであるが、会議の内容とあわせて考えれば、持久戦体制を構築するために、「反鎮」によって国内支配の強化をめざしたことがわかる。

紡織工場でも「特務分子」・「反革命分子」摘発が始まった。二月初め、申新二廠で「特務分子」が摘発されたのが最も早い例である。しかしながら、政府の熱心なよびかけにもかかわらず、当初、工場での「反鎮」はなかなか進展しなかった。例えば、国棉十二廠では次のようであった。大衆は全く関心がなく、「特務の摘発は倫理にはずれる」、「特務って一体なに？」といった意見が出され、幹部もどのように工作を進めればよいか分からない。「以前の参幹は[26] あれほど熱烈だったのに、どうして登録工作はこんなにも冷ややかなんだろう」[27]。国棉十二廠に限らず、よそは分からないが、うちの工場にはいない、うちの職場にはいない、というのが一般的な意見であった。そうした大衆からの意見に、運動を実際に指導しなければならない末端の幹部は為すすべがなかったのである。

②反米デモ行進

しかし、こうした状況にも徐々に変化がみられた。とくに三月四日の反米デモ行進への参加がひとつのきっかけとなる。デモ行進といっても官製のパレードのようなものであったが、これに上海の紡織労働者二万人が動員されて参加している。このデモ以後、米国による日本の「再武装化」（警察予備隊の設置）に反対することと「特務」摘発の工作を結合することが、大衆を動員する方法としてひろく用いられるようになった。例えば、職場の集会で日本軍によって夫を殺害された女工が泣きながら悲憤を訴えるというようなことが行われた。また旧暦の正月に行われた年始会では、日本軍が労働者を抑圧した数々の罪状について回想する労働者同士の放談が催され、その後、労働者たちは今の生まれ変わった日々を守るために保衛工作や「反革命分子」の登録工作をきちんとやらなければならないと提起している。[28]日本による侵略の経験を土台として米国やその手先である「特務」への恨み辛み、そして警戒心を惹起し、多数の人間で共有して団結の糧としていったのである。

また、デモを契機に愛国公約の締結が各工場・各職場において行われた。仁豊紗廠ではデモで公約を掲げるために急遽公約が作成された。速成であったため内実がともなっていなかったが、その後の公約検査・修正をへて実質的なものに変わっていった。[29]それらの公約には、必ず「反革命分子」の摘発が労働者の義務としてうたわれていた。[30]運動の進展にともない「特務分子」の登録がすすみ、逮捕者も出た。こうした摘発の「成果」として、工場における機械の破損破壊事故や火災が減少したという。だが、新聞報道で見る限り、労働者が「保衛」運動中に発見した「反革命分子」の陰謀の痕跡とは、工場内に鉄の棒や火が消えていないタバコが落ちていたといった些細なことにすぎない。米国の軍事行動に呼応して「反革命分子」が工場内で破壊活動を活発化させていた、という公式見解はかなり疑わしいのだが、真偽はともかく、政府指導者の主観ではそうした危険があったということ、そして「反鎮」運動によって工場内で労働者が組織され始めたということは言えるであろう。

同時期に、紡織業では陳賢凡事件という大きな汚職事件が発覚した。陳は華東紡管局の留用人員であったが、自らも化学工場を経営しており、職権を利用して不良染料を紡管局に売りつけ、国家に多額の損失をあたえたという。[31] 陳のような政府機関の留用人員による汚職事件とは、まさしく「三反」運動で摘発される多くの汚職事件と同じである。事件の発覚は五一年二月というから、おそらく「反鎮」運動の過程で発覚したのであろう。だが処分の決定は五月まで延びた。[32] 五月一六日に「中層」・「内層」の清理を開始する指示が中央から出されているが、[33][34] 陳の死刑判決はその二日後の一八日である。同様の事件として、瀋陽紡織廠の集団汚職事件があり、こちらも五〇年末に摘発されたが、主犯の王秀峰（同廠供応科長）らに死刑判決が下ったのは五一年九月であった。[35]

五一年初めからの「反鎮」運動は一般社会つまり「外層」を対象としたもので、夏頃にはほぼ終結した。次に国営企業や政府機関内の「中層」と党内の「内層」へと粛清の矛先は向けられていく。それが国営企業（一部の民間大企業も含む）での「民主改革」運動であった。陳賢凡事件や瀋陽事件の例のように、「外層」の「反鎮」運動の過程で政府機関の「反革命分子」が摘発されることもあったが、その判決はいずれも「中層」・「内層」清理の開始が指示された五月以降であった。ただし五一年夏秋の「反鎮」では整風形式が採用された。「三反」運動のような広範な大衆を動員し全国規模で大々的に行われた大衆運動ではなかったのである。

（三）「民主改革」運動の展開

①「民主改革」

五一年三月の中央紡織工業部行政会議で銭之光副部長が「民主改革」の補行を提起し、具体的手はずが整えられてはいたが、[36] 各工場で実際に本格化するのは五月以降である。その内容は工場内に残存する「悪質分子」を排除し、不合理な制度を廃止し、職員の思想教育をおこなうことであった。[37] 具体的な展開を漢口の中新四廠を例にとってみてみる。[38]

まず、第一段階として「反鎮」運動が行われた。同工場で摘発された「反革命分子」と「封建残余分子」は六二人であった。そのうち捕らえられた者が三三人で、その処分は銃殺された者五人、監禁された者二八人であった。その後、五月一二日には、労組と資本側の協議により旧来の労働者管理制度である把頭制が廃止された。労働者たちは「武漢は四九年五月一六日に解放されたが、我々は五一年五月にようやく解放された」と言ったと報道されている。

第二段階は労働保険カード登録工作（詳細については後述）であった。この工作には党・労組・共青団が登録委員会を組織して指導にあたった。工作の中心は、政治思想教育・経歴の説明・敵との境界をはっきり引くことであった。工場全体で二〇人が登録を通過できなかった。

そして最後に、民主団結段階にすすむ。労働者内部で批判と自己批判を行い、団結を強化することが目的とされた。その結果として「労働者の意識が高まり、毛沢東主席を熱愛」するようになり、以前には人が集まらなかった会議にすすんで参加するものが増え、余暇学校の参加者が増加し、生産意欲が高まり、抗米援朝に積極的になったという。

②労働保険登録

三月一日に「労働保険条例」が発効し、国営と民営大型企業において保険登録工作が開始されることになった。この登録工作を通じて、各工場において保険を享受すべき人間とすべきでない人間を区分することになる。労働保険は「革命勝利の果実」であるという教育が行われ、労働者は「果実」を享受すべきでない「反革命分子」を告発するよう促された。その論理はこのようなものである。「過去、我々はひどいめにあってきたが、そのときにやつら（特務）はごちそうを食べていた」、「以前、労働者の頭上にのっていた人間に、この勝利の果実を享受させてはならない」。

こうした意識を労働者に広めたうえで、労組は労保カード登録工作に着手した。労働者各人がまず自分の歴史を思いだし、下書きを作成する。つぎに小組会で「自報公議」（自己申告後、みんなで討論し決定する）を経て、表に書き込み、最後に読み上げ、承認をうける。こうした工作を通じて、労組はようやく労働者ひとりひとりの基本状況を把握したのである。

③基層労組の改選

「反鎮」運動や「民主改革」がすすめられる中で、労組の幹部にも「反革命分子」や経歴に問題のある人物がいるとして、労組の改選が必要だと認識されるようになった。五月一三日の『解放日報』は次のように報じている。上海の紡織業労組所属の基層組織では、二六単位ですでに改選が完成し、組織を純潔にした。例えば、華豊和染織廠では旧委員会の執行委員九名のうち四名が国民党特務機関の重要幹部であり、正副主席であった、と。こうして、国民党と近い関係にあった労組の活動家が排除され、共産党にとって信頼できる活動家にとってかわっていったのである。

各種大衆運動は、地区・工場によって順番や時期にずれがあるが、大体は、五一年初めの「反鎮」運動を基礎とし、「民主改革」・労保登録・労組改選が相互に結合して展開されていった。「解放」時に、都市部では「原封不動」（現状維持）・「原職原薪」（職や給料を変えない）方針が採られ、大きな変化はほとんどなかった。五一年初めからの「反鎮」や「民主改革」をへて、労働者がようやく「解放」と感じる状況が生じてきたのである。革命勝利の果実が労働保険による優遇であると捉えられたように、農村の土地改革にあたるのが、工場での「民主改革」であった。また、労働保険工作を通じて、労組が労働者ひとりひとりの状況を基本的に掌握するようになったことは、その後、労組を通じた大衆運動が発動されるときに重要な役割を果したであろう。

第三節　上海綿紡織業における「三反」・「五反」運動[39]

（一）「三反」・「五反」運動の展開過程

一般に「三反」・「五反」運動は増産節約運動の延長として捉えられてきた。しかし、五一年夏以降、増産運動はすでに大々的に進められていたこと、「三反」の発動はかえって経済的混乱をまねく可能性があり、また実際にそうなったことなどを考えると増産運動と「三反」との間には飛躍が感じられる。五三年から始まる大規模建設の資金蓄積のために増産節約を行うという大方針が提起されたのであるが、それに五一年夏以降の「中・内層」における「反鎮」が結合し発展したものが「三反」であったと考える。また「五反」は「三反」に付随して発生した運動であった。「収賄」が発覚すれば、「贈賄」に摘発が及ぶのは当然であるが、「三反」時点で資本家への追及は相当厳しかったようである。「五反」が正式に開始される以前に、すでに資本家の自殺・逃亡があいついだことがそれを物語っている。また上海では当初「四反」といい、「六反」・「七反」などともよばれたように、計画的に発動されたものでもなかった。

以下、運動の具体的な展開過程をおもに新聞報道によって追っていく。

①「三反」の経過

華東紡管局を例にみていく。

五一年一二月二〇日、陳易副局長が増産節約動員大会を召集し、運動は開始されたが、大衆的反汚職闘争へと転換したのは、一月半ば以降である。一八日に紡管局と関係がある商人がよばれて座談会が開催された。告白をよびかけると、多くの告白が得られたという。二二日にも座談会が開かれ、二三日には第二次告白大会が開かれ、ブルジョワジーの「密偵」張耀宗などが告白を求められた。(40) 二四日、青年団華東紡管局総支が動員大会を開き、団員の汚職行為批判を行った。(41) こうして二六日までに三二五人が告白を行い、六人が更迭その他の処分をうけ、一一人が徹底的告白により処分を免除された。三月二〇日に全局幹部大会が開かれ、それまでに摘発された者に対して処分が発表されたが、摘発運動はさらに継続された。(42)

「三反」の具体例としては、前述した張耀宗の汚職事件があげられる。張は毛織物商人の出身であるが、日中戦争後、中紡（中国紡織建設公司）に入り、「解放」後、中紡が接収される際に紡管局に残った留用人員であった。紡管局では業務処第二営業所副主任として毛織物の加工業務にかかわっていたが、一部の商人と結託して各種重要情報を流し、加工業務をめぐって七つの染色工場から賄賂を受け取ったとして摘発された。(43)

このように、「三反」運動で糾弾対象となったのは、「解放」後の接収に際して新政府に召し抱えられた留用人員が多く、また加工業務をめぐっての不正が多かった。張の事件はまさしく「三反」の典型といえる。

②「五毒」の実態

ここでは、啓新紗廠事件をとりあげる。事件発覚後、『解放日報』紙でこの事件をもとにした漫画「原綿の秘密」が連載されるなど大きく宣伝された事件である。また後に有名な周而復の小説『上海の朝』の題材としても使われている。二月三日の『解放日報』によると、啓新の代理経理は、代紡原料として渡された優良綿花の大部分を自紡用にまわし、代紡には不良綿花を混綿したことで、代紡製品の品質を悪化させたという。このような行為は国家資財の窃取にあたるとして摘発された。

しかしながら、この「国家資財の窃取」とされる不正行為を国家による物資掌握という観点から検討するならば、代紡・自紡を問わず生産される綿糸が結局国家によって買い上げられることに変わりはない。窃取した原綿を横流ししたり、生産した綿糸をヤミで売った、という告発報道はみられないことから、綿糸市場の統制が行き届いていたこと、加工以外での原綿入手が困難であったとみられる。

「五反」以前から加工をめぐる「不正行為」は多発していたようであるが（表3―4）、その「不正」内容を検討すると、まず、原料（綿花・綿糸・加工用生地）の調達が困難であったこと、そして代紡と自紡、代織と自織、代染と自染の間の矛盾をついたものであったことがわかる。三月一〇日の「原綿の秘密」では、代理経理の朱立徳が労働者に対し、国家の商売はうまみがなく、労働者の賃金は自紡部分からでていると言っている。これは、あながち、資本家側の言い逃れとは言えないのではないだろうか。加工賃が低すぎるというのは民間側の一貫した主張であったが、一方、自紡部分の買い上げ価格は若干の上乗せがしてあった。加工より自紡の方が幾分ましなのである。よって加工で利益が出なければ自紡で補塡しようとするのは、当然の「経営努力」ともいえるだろう。

ここで上海における加工賃（二〇番手綿糸一件あたり）の推移をみてみると、五〇年二月には二〇五単位だったのが、五月に企業の困難解決のために二二四単位に、一〇月に二四〇単位に引き上げられた。五一年一月には統購開始にあたり二六〇単位と決定されたが、「三反」・「五反」後に三〇〇単位へと一気に四〇単位も引き上げられている[44]。このことは、運動前の加工賃が低すぎたことを示唆している。もともと、「中等経営標準」を基準にして計算されたコストは、大規模な国営には有利だが、中小の民間企業には苛酷にすぎたのであろう。

つまり、政府が綿製品を掌握する方法として採用したのは、加工と統購という二本柱であるが、この両者の矛盾を

批判記事

天津（『天津日報』記事）

報道日付	批判対象	内容	対策・処分
1951.7.20	染整・織染の一部の廠商	専業会議での決議（品質・規格を規定）を実施せず、契約不履行。七区棉織第一聯営社は百貨公司からうけたシーツ布の加工で染色ムラ。八区の第二聯営社はシーツ布の加工で油分の残存多い。	
1952.1.30	泰来・春和・織雲成・達生・建華の5帆布廠	51年5月、帆布需要高まり、加工任務を各廠に分配。工場側は1件の綿糸で330斤の帆布と主張。330斤の帆布につき10斤の余剰綿糸発生、帆布を製造し信託公司に販売。11月に原料が余っていることが発覚。横領した綿糸はそれぞれ、泰来34件、春和14件、織雲成16件、達生14件、建華11.4件で総額6億5千万元余。	51年12月に1件の綿糸で335斤の帆布に改める。反贈賄・反脱税・反詐取運動を展開し、綿糸の流用を告白、返還を行わせる。
1952.3.27	振華天津織染廠	私股代表が公私合営工場の指導権を奪い、経理の職務を利用して公股代表を排斥。奸商と結託して志願軍と国営企業からうけた加工について、コストを虚報し、手抜きと材料のごまかしを行い多額の損失を与えた。	すでに免職審査、各地へ警戒をよびかけ。
1952.6.3	春和織布廠	資方の経営管理が杜撰で生産が極めて不正常。つねに操業停止と原料待ち状態。加工の品質が悪い（下等品率が90％以上）。	五反後、労資が団結して経営改善。品質向上。政府より融資をうけ原料購入。
1952.6.27	建新織布工廠	経理が脱税や不良品を良品と偽るなど不正手段で国家資財を窃取。	五反時に徹底的告白をおこない寛大な処置。生産に消極的になったが、労組の説得をうけ人民銀行から融資うける。加工について「先布後紗」が「先紗後布」に改められ加工賃も調整されたため資金繰りが解決、利益あがる。

表3-4　私営工場に対する上海（『解放日報』記事）

報道日付	批判対象	内容	対策・処分
1951.2.9	一部廠商（綿紡織に限らず）	加工注文において納期おくれ・価格虚報・買いだめなど「顧私不顧公」現象深刻。紡織業では、華東紡織会議で代染を決定後、染料価格がつりあげられる。	工商聯と関連機関によりすでに是正、あるいは教育おこなう。
1951.6.10	恒豊紗廠	藍布3千匹の代染契約、うち40匹の不良品を混入し納める。	交渉の結果、二等品として価格をつける
1951.7.24	永新雨衣廠	代織・代染の加工を委託されるが、代織をせず自織で多大な利益。代染のために支給された布を流用。	
1951.8.3	無錫恒豊布廠	織機60台のうち32台のみ運転。しかし60台の織機を運転しているようにして、工商局に綿糸274件の購入申請。綿糸管理期間に報告せず不正にためていた綿糸156件で暴利を得る。綿糸統購前後の差額で計算して3兆2,593億元。	刑事処分：資本家黄健農は懲役1年、執行猶予2年。綿糸買いだめで得た利潤を没収。さらに罰金2億元。
1951.10.4	勤豊紗廠	代紡に関して、納期遅れ、さらに手抜きと原料の抜き取り。一かせの巻き数が足りない。	工商局は該廠労組の告発をうけ、9月7日に資方を召集、さらに労働局・紡織労組・綿紡公会・工商聯・花紗布公司の代表を招き会議。今後は公会が人員を派遣し経営の改善支援、労資双方協力して技術改善、品質向上に努めると決議。
1952.2.3	啓新紗廠	代紡用の原綿を自紡に流用。代紡には廃綿を混綿。	人民法院で審理中。

ついて、加工では採算がとれない民間企業が経営を維持するために「手抜きと原料抜き取り」という不正に走った。原料と卸売市場が基本的に政府に掌握されているなかで、不正の余地はそれ以外にはなかったのである。

受処分状況表（52年9月）

工作系統					
党委		群衆団体		企業	
主要幹部	一般幹部	主要幹部	一般幹部	主要幹部	一般幹部
68	106	674	421	1,177	7,630
		4	2	46	1,141
4		5	15	70	495
		1	3	55	143
				17	26
				20	20
4		10	20	208	1,825
			1	1	1
				2	6
3				7	2
1	1	1	1	3	4
3		2	1	7	15
7	1	3	3	20	28
				18	140
		2	7	23	219
			1	6	43
				26	46
1		3	5	56	110
			2	3	14
		5	15	142	572
				12	31
			2	4	26
		1	2	2	7
7	1	1	4	18	64
		8	20	171	657
			3	42	130
				2	18
					3

部受処分情況登記表」53年9月華東局へ送付。

表3-5　「三反」運動中幹部

項目	幹部情況	政治情況 合計	共産党員	青年団員	群衆	幹部類別 老幹部	新幹部	旧人員
幹部総数		10,176	1,366	1,494	7,316	1,015	2,908	6,253
汚職情況	百万以上	1,193	28	111	1,054	14	130	1,049
	百万至千万	589	42	48	499	19	140	430
	千万至五千万	202	5	14	183	2	39	161
	五千万至一億	43		2	41		3	40
	一億以上	40	1	1	38		5	35
	合計	2,067	76	176	1,815	35	317	1,715
処分情況								
党内処分	勧告	3	3			1	1	1
	警告	8	8			6	1	1
	撤消工作	12	12			10	1	1
	留党察看	11	11			6	3	2
	開除党籍	28	28			15	7	6
	合計	62	62			38	13	11
行政処分	警告	158	4	19	135		41	117
	記過	251	9	30	212		48	203
	降級	60	1	2	57	1	4	55
	降職	72	2	6	64	2	25	45
	撤職	175	21	12	142	13	77	85
	開除党籍	19	1	2	16		1	18
	合計	735	38	71	626	16	196	523
刑事処分	機関管制	43	2	2	39		5	38
	労役改造	32	1	6	25	1	3	28
	有期徒刑	12			12	1	2	9
	無期徒刑							
	死刑							
	合計	87	3	8	76	2	10	75
受処分幹部数		864	82	79	703	47	174	643
尚未処理		175	21	8	146	5	23	147
自殺		20			20	3	17	
逃亡		3			3	1	2	

出所：上海市档案館所蔵档案（A47-1-79）中共上海市国営紡織工業委員会「所属各廠『三反』運動中幹

（二）「三反」・「五反」運動の結果

①「三反」による処分

表3—5から上海の全体的状況をみてみる。幹部総数一〇、一七六人のうち自殺・逃亡を含め一、〇六二人（一〇・四％）が処分（未処理を含む）を受けている。処分者を「政治情況」別にみれば、党員一〇三人（党員幹部全体の七・五％）・団員八七人（五・八％）・大衆八七二人（一一・九％）であり、大衆幹部の処分比率が高い。幹部類別では、老幹部五二人（老幹部全体の五・一％）・新幹部二〇一人（六・九％）・旧人員（留用人員）八〇九人（一二・九％）であり、旧人員の処分者比率が他の類別にくらべ倍以上高い。処分者内の比率を計算すれば、政治情況では、党員九・七％・団員八・二％・大衆八二・一％、幹部類別では、老幹部四・九％・新幹部一八・九％・旧人員七六・二％となる。

「三反」は劉青山・張子善事件などで有力党員が処罰されたことが大きな衝撃を与えたため、共産党の整党運動と捉えられてきたが、実際には党員よりも大衆、とくに留用人員がその主要な対象であったことがわかる。

表3—5と表3—6を比較すると、まず「三反」後に幹部総数が激減していることが目立つ。両者の統計範囲が同一かどうかという疑問があるのだが、表3—5の企業幹部総数（八、八〇七人）と表3—6の幹部総数（四、三三一人）が対応すると考えてもやはり半減しており、幹部数の減少は確かであろう。

また、旧人員の幹部数が激減し、労働者から抜擢された幹部が八割近くを占めるようになった。それぞれのポストでの労働者出身の幹部比率をみると、党委五三・一％・行政七五％・労組九三・一％・団委九四・三％である。党委と団委はほぼ全て党員と団員であるので、労働者が党や青年団へ多く参加していった様子が窺われる。さらに「三反」

後は、行政幹部の廠長や労組幹部の主席など重要なポストは党員が占めている。わずかに残る国民党や反動団体に参加経験のある幹部には技術員が多く、技術的専門性によってそのポストを維持していたと思われる。

つぎに個別工場の例として国棉一廠の場合（表3―7）をみていく。ここでも、やはり幹部数の激減、とくに無党無派の幹部の激減が目立つ。出身別でみると「三反」後の統計では「新参加」の項目がなくなっている。分類の仕方が変わったとしても、「その他」の項目以外には「新参加」幹部は入れられそうもない。「新参加」幹部が激減し項目としてたてる必要がなくなったと考えられる。「中層」・「内層」にひそむ「反革命分子」として留用人員と並んで審査の対象となったのが「新参加」幹部であった。「三反」運動のなかで「新参加」幹部のほとんどが排除された可能性が大きい。「三反」で処分された党員というのも、「老党員」ではなく「新参加」党員が多数を占めていたのであろう。また留用人員が減り、労働者出身幹部の増加が目立って顕著である。一方、幹部類別では、党委のみが増加し、あとは減少しているが、とくに労組と団委の減少が大きい。運動の結果、企業内における党組織が強化されたことがわかるが、労組と青年団は弱体化したのであろうか。運動において労組と青年団の組織化とそれを通じた動員が積極的に行われたことからみてそうとは考えにくい。表3―6が三三工場の状況なのに工場長が五名しか記入されていないことから、兼職の場合は一方しかカウントされていないことがわかるが、労組・団委幹部の減少は党委・行政との兼職が進んだ結果ではないだろうか。兼職化の進行と考えれば幹部総数の減少も納得がいく。そうであれば、国営企業内において党・労組・青年団と行政の一体化が「三反」を契機に進行していたと考えられる。

つぎに労働者の抜擢についてみてみたい。上述のように統計からみて労働者が大量に幹部に抜擢された様子はわかるが、新聞記事からもこれを裏付けできる。五二年五月二八日の『天津日報』は、天津の棉紡一廠では「三反」と民主補課で「汚職分子」と「封建把頭」を摘発し、労働者を大量に抜擢したことで、労働者幹部が全体の六八％を占め

幹部状況（1）

1953年10月13日報告

	行政幹部								
非党委員の宣伝部長	党支部書記		一般幹部	小計	廠長		総工程師	工程師	技師
	正	副			正	副			
9	140	64	160	2,811	5	21	7	31	38
9	140	64	140	1,161	5	20	1	4	14
			20	446				1	3
				59				1	2
				26					3
				115				1	4
				1,004		1	6	24	12
9	140	64	160	2,811	5	21	7	31	38
4	10	7	10	44	3	5			
2	40	14	12	108		8		3	2
	81	36	120	2,108		3			15
	3	1	2	331	1	4	6	28	18
2	2	4	5	17	1				
1	4	2	11	203		1	1		3
9	140	64	160	2,811	5	21	7	31	38
	1		2	238					1
	49	22	37	883		2		2	10
4	61	30	60	649	1	3			7
3	18	7	45	465	1	10		4	4
1	3	3	15	219	3	2	1	1	1
	8	1		249		3	5	17	9
1		1	1	108		1	1	7	6
9	140	64	160	2,811	5	21	7	31	38

『三反』後提撥幹部情況統計表」。

表3-6　「三反」後の
国営棉紡織・印染等33廠綜合（1953年９月）

			総計	党委幹部			
				小計	党委書記		党委委員
					正	副	
総計			4,332	467	6	13	75
政治情況	共産党員		2,138	447	6	13	75
	青年団員		811	20			
	民主党派						
	大衆	国民党にかつて参加	66				
		三青団にかつて参加	29				
		その他反動団体にかつて参加	127				
		反動組織に未参加	1,161				
	小計		4,332	467	6	13	75
出所	老区から		115	68	3	8	26
	地下党		226	100	2	5	25
	労働者		3,342	248			11
	留用人員		352	8			2
	部隊転業		41	21			8
	その他		256	22	1		3
	小計		4,332	467	6	13	75
文化程度	非識字		267	3			
	初小		1,340	119		1	10
	高小		1,273	183		4	24
	初中		759	111	2	6	30
	高中		290	29	1	1	5
	専科		278	14		1	4
	大学		125	8	3		2
	小計		4,332	467	6	13	75

出所：上海市档案館所蔵档案（A47-2-261）中共上海市国営紡織工業委員会組織部「各国営・公私合営廠

るようになり、工場を指導する成分が大きく変化した、と報じている。また六月三日の同紙では、「運動によって立場が確かで工作を積極的に責任をもって行う優秀労働者が出現」し、悪質分子にかえて優秀分子を引き上げた、と書かれている。政府にとっては、忠誠を示すものを指導的ポストにつけ、支配の基盤を強固にできたが、労働者にとっては運動に積極的に参加することが地位の上昇につながった。

幹部状況（2）

	団委幹部					
脱産委員	小計	書記		車間団書記		脱産委員
		正	副	正	副	
163	419	16	40	161	62	140
67	229	16	36	86	25	66
57	189		3	75	37	74
2	1		1			
4						
33						
163	419	16	40	161	62	140
	2	2				
6	1		1			
146	395	14	38	154	59	130
3	2			1	1	
2	1			1		
6	18		1	5	2	10
163	419	16	40	161	62	140
2	2				2	
45	99		8	41	16	34
66	190	10	18	67	34	61
33	97	5	12	37	6	37
12	18	1	1	9	2	5
3	10		1	4	2	3
2	3			3		
163	419	16	40	161	62	140

表3-6(続)　「三反」後の

科長		車間(作業場)主任		技術員	一般職員	労組幹部				
						小計	主席		車間労組主席	
正	副	正	副				正	副	正	副
87	213	115	315	1,048	931	635	21	50	204	197
72	121	63	173	405	283	301	21	38	105	70
3	18	8	29	144	240	156		6	39	54
1	7	3	7	26	12	6			1	3
	4		3	9	7	3			2	1
	6	2	10	61	31	12		1	4	3
11	57	39	93	403	358	157		5	53	66
87	213	115	315	1,048	931	635	21	50	204	197
19	10	2	2		3	1	1			
13	15	3	20	13	31	17	7	3	1	
23	98	67	204	926	772	591	12	45	198	190
19	71	41	79	39	25	11			5	3
7	6				3	2				
6	13	2	10	70	97	13	1	2		4
87	213	115	315	1,048	931	635	21	50	204	197
	3	2	30	160	42	24		3	6	13
9	34	30	120	496	180	239	3	17	84	90
26	60	33	69	214	236	251	11	21	84	69
18	39	11	29	66	283	86	4	8	23	18
8	29	11	13	26	124	24	3		5	4
15	30	17	45	70	38	5			2	
11	18	11	9	16	28	6		1		3
87	213	115	315	1,048	931	635	21	50	204	197

表3-7　国棉一廠の「三反」前後の幹部状況

		「三反」前	「三反」後
政治情況	党員	211	200
	青年団員	93	33
	無党無派	203	86
	反動組織に参加経験	21	9
	計	528	328
出身	老区から	9	
	地下党	39	63
	新参加	340	
	労働者	49	224
	留用人員	91	29
	部隊転業	0	0
	その他	0	12
	計	528	328
幹部類別	党委幹部	23	54
	行政幹部	277	249
	労組幹部	203	18
	団委幹部	25	7
	計	528	328

出所：上海市档案館所蔵档案　A47-1-79・A47-2-261より作成。

②「五反」の影響

上海市全体で「五反」運動を行った一六四、八九〇戸のうち七月二〇日までに処理が決定されたのは一五三、〇三〇戸であった。その判定状況は、守法戸三九%・基本守法戸四五・六%・半守法半違法戸一一・九八%・深刻違法二・九五%・完全違法〇・四七%となっている[45]。一方、綿紡織業五〇社では違法金額は三千万元（旧人民幣で三千億元）、その割合は守法戸一四%・基本守法戸一八%・半守法五四%・深刻違法一四%と判定された[46]。上海市全体の比率と比較するならば「完全違法」はないものの、全体として違法性が深刻とみなされたことがわかる。綿紡織業はこれまでも述べてきたように、加工委託が極めて多い業種であり、政府との接触が多かった。また五一年からは統購が開始されたことで自由な経営がかなり制限されており、それだけ公私間の矛盾が多かった。他に較べて違法性が高いとみなされたのは、そうした要因によるものであろう。

また守法戸の比率が、市全体とくらべかなり少ないのだが、史料などでみる限り、大企業はほぼ守法戸と認定されている。例えば、民間第一位の申新は、「五毒」金額では二、一一六・八六七万元と業種全体の三分の二にも達しているにもかかわらず、賠償すべき金額は六五七万元で守法戸に認定されている。永安紗廠も同様に守法戸である。安達紗廠では資本側は、半守法の自己評価を行ったが、労働者代表が基本守法とし、最終的に市増産委が守法戸と確定した。(47)「五反」運動において政府は、政治的配慮から大企業の保護につとめていた。とくに申新と安達は三〇三の市レベル大商工業者による互評互助組に参加し、労働者と直接対峙する形ではなく、ホテルの一室に経営者が集められ、相互に批評しあう形をとった。こうした大企業への「保護通関」措置に対し、中小企業の具体的状況は不明である。おそらく、労働者による経営者への糾弾は厳しいものであったと思われる。それを示唆する例として、安楽紗廠の資本家は深刻な「五毒」のため、「五反」の期間中、ビルにたてこもり出てこなかったという。(48)このように大企業は比較的穏健に処理されたのであるが、返還金の負担は大企業、中小企業ともに重いものであった。「五反」運動で摘発された企業は、国家から窃取したとされる資財と、脱税したとされる税金を払わねばならなかった。薄一波の回想によれば、上海で「賠償」すべきとされた金額は、前年の企業の利潤を大きく上回っていたという。(49)企業にとって到底支払えるものではなかったのである。そもそも不正所得が過大に評価計算されたということ、また本当に「不正」所得があったかどうかという問題があるのだが、いったん算出されると、それは否応なく企業の負債となってのしかかった。一九五六年三月時点でなお申新で五九九万元余、永安で六三五万元余の五反での返済未納金があり、これらの負債は公私合営化に際して公股（政府持ち株）に転換されることになった。(50)

先にも述べたように「五反」運動では加工をめぐる「五毒」が多く糾弾された結果、当然ながら加工に関しても変化が現れた。まず「五反」運動中は、加工をめぐる「不正」行為が糾弾されるとともに、加工賃が高すぎるという認識が現れる。三月一七日、華東貿易部副部長はラジオ放送の中で次のように述べた。これまで上海の紡績工場は「回花（紡積の各工程で糸切れするなどしてできた半製品）」部分を原綿として価格算定して統購価格を決定するよう求めてきた。現在、すでにこの要求が不合理であると認め、今後は「回花」価格に基づいて算定することに同意した。二一・二三番手細布加工に関して、綿糸一件との合理的換算率について、工場側は三五・九二匹を主張してきたが、現在では三六・一七匹とし、従来の加工で三五・九二匹の換算率を使用したことで国家に二二八億元という巨額の損失を与えたと認めた。代染についても一〇・五％の初歩的な引き下げを行う、と。[51] このように工場側の加工をめぐる要求は不合理であったとし、それを認めさせ、さらに国家に損失を与えたと認めさせ、その必然的結果として加工賃の引き下げが行われたのである。しかしながら、運動終了後は加工契約が拡大されるとともに、加工賃の引き上げも行われており、運動中の非難に行き過ぎがあったことを示唆している。[52] 運動が終了するやいなや、「五反」によって大打撃をうけた商工業を救済する意図で積極的に加工拡大措置がとられ、深刻な違法があった業者であっても、徹底的な告白をすることで政府から加工注文を受けたり、そのための融資が受けられたりした。例えば、華福紗廠は「五反」検査が終了した当日に花紗布公司から注文の電話があり、公私合営の建業銀行から融資をうけられることになった。[53]
だが、単に運動前の状況に回帰したのではなかった。運動後の新たな加工には重要な変化が見られた。それは加工の契約、生産などの諸過程において職工が監督を行うということである。まず契約時には加工コスト計算などについて職工が審査を行った。生産過程においては「専款専用」・「専料専用」制度がつくられ、加工賃・加工用原料の使用には労組の同意が必要となった。さらに職工が製品やコストの検査組織をつくった工場さえあった。[54] 経営者側にとって加工をめぐる「不正」行為が内部から監視されることになり、ほぼ不可能になっていった。政府にしてみれば、従来は、製品の流通過程をおさえていただけであったが、労組を通じて各企業の経営や生産過程にまで関与できるようになったといえよう。

加工をめぐる問題はその後も依然として存在し続けた。中新を例にとれば、納期遅れのため五三、五四年ともに計画が達成できず、とくに五四年における中新六廠のプリント布の計画達成率は六九・八四％にとどまった。品質についてみても、五三年に綿糸では一五一回、綿布では一八回も問題が発生しており、品質問題で三万元余りの賠償を負い、綿布の問題では一四万元余りの差額を支払わねばならなかった[55]。五四年には全国で品質をめぐる会議が開催されたことから、こうした問題は中新一社だけでなく普遍的であったことがわかる[56]。つまり納期・品質問題ともに資本家を糾弾する「五反」運動だけでは解決できなかったのである。当時の経営管理や技術の水準という問題も存在したであろう。しかしより根本的には、政府が全て買い上げる製品の品質をいかに保持するかという問題や生産計画がノルマとして上から強要されるという構造的な問題があった。

第四節　小　結

まず、大衆運動の流れをまとめておく。都市部において五一年二月以降本格化する「反鎮」運動は、各企業にもひろがり、労働者を動員して「反革命分子」の摘発が行われた。これを基礎として「民主改革」・労働保険登録・労組改選などの運動が続けて行われる。その後、政府機関・国営企業で「三反」運動が発動され、それに付随した「五反」運動が激烈に行われた。

「反鎮」運動において「反革命分子」の罪状としてあげられたのは、ほとんどが日本軍や傀儡政権および内戦期の国民党への協力など過去の行為であった。農村における土地改革でもそうであったように、そうした日本の侵略の記憶や、国民党統治下の苦しかった生活などが、大衆を動員する際の宣伝や教育に用いられ、大衆の心理に働きかけたのであった。これらの記憶を共有・増幅することで、「反革命分子」への怒りを惹起させ、「反革命分子」の摘発へと人々を駆り立てていった。多くの大衆が参加するようになれば、運動に参加しないことは、自己の立場をあやうくするものであり、参加しないことは不可能に近くなっていったであろう。また一般労働者は、運動に積極的に貢献することで、地位を上昇させる機会を得ることができたのである。

つぎに、綿紡織企業の経営からみると、綿製品は重要物資であるため、早くから統制をうけることになった。五〇年春の経済危機以来、加工比率が高かったこと、綿花の供給を政府に依存していたことから、企業は統制を受け入れざるを得なかった。だが、私営工場とくに中小工場にとって加工で得られる利益は少なく、経営を維持することが困難であった。その結果、五一年以降、加工をめぐる「不正行為」が多発し、「五反」運動で徹底的に糾弾されることになる。「五反」は「三反」に付随して発動された運動ではあったが、それまでの各種大衆運動における経験から、労働者の組織化が一定程度進展し、思想教育もすすめられていたため、資本家に対する激しい闘争へと容易に転換していったと思われる。

こうした「三反」・「五反」運動の結果、政府機関・私営企業ともに労働者出身の幹部の比率が高まったが、その一方で労働者の党・団への参加が増加し、党・工・団の一体化が進んでいった。企業は自由な経営余地をより一層失うことになり、政府の下請け化するほかなくなった。綿紡織業では、「五反」以前に統制が行われていたことから、公私比率では他の産業ほど劇的な変化はみられない。綿糸の生産額でみると、四九年には国営（公私合営を含める）が五三・二六％、民営が四六・七四％であったが、五二年には六三・五四％と三六・四六％となり、国営が一〇ポイント増加している。一方綿布では、四九年に国営五九・七二％、民営四〇・二八％であったが五二年に五〇・七五％、四九・二五％となり、綿糸とは逆に民営が九ポイント増加している。[57] しかし、綿製品に関しては五一年以来、政府は加工と統購の二本立てで掌握していたのであり、とくに大きな比率をしめる加工関係が安定していれば、当面問題はなかった。そして加工契約については、「三反」・「五反」を経て、労働者による企業内における監督が実施されるようになっていった。また「五反」後には加工関係が運動以前よりも拡大され、とくに運動で大きな打撃をうけた中小企業への「支援」として積極的に行われた。表3―3から、五二年には花紗布公司による染色布の掌握比率が激増していることがわかるが、染色業はもともと小型企業が多かったことから、こうした事情が要因となっていると思われる。

綿布が政府によって完全に掌握される（商人の媒介を禁じ、花紗布公司がすべて配給することになる）のは五四年九月以降だが、[58] 五二年末時点ですでに上海卸売市場に流通する綿布は総生産量の二割程度にすぎなくなっていた。[59] 五三年二月、申新の栄毅仁と永安の郭棣活は毛沢東と会見したさいに、みずから早期の公私合営化を求めたという。[60] 民間側としては上述したような状況で企業経営を継続していくことは意味のないことであったのだろう。それから一年後の五四年春以降、公私合営化の動きが加速し、五五年には業種全体の公私合営化が完了した。それは、実質的な国営化であり、社会主義体制へまた一歩近づくことを意味したのである。

●注

（1）中国社会科学院・中央档案館編『中華人民共和国経済档案資料選編　一九四九―五二年：工業巻』（以下、『工業巻』）中国物資出版社　一九九六年　九九頁。

（2）中国社会科学院・中央档案館編『中華人民共和国経済档案資料選編　一九四九―五二年：工商体制巻』（以下、『工商体制巻』）中国社会科学出版社　一九九三年　九八〇頁。

（3）中紡とその他の企業とのコスト生産性の違いについては、川井伸一「大戦後の中国紡織業と中紡公司」（『愛知大学国際

問題研究所紀要』九七号　一九九二年）を参照。
（4）上海では、紡織業の負債情況が最も悲惨であり、三月二〇日時点で民営の五三紡績工場の負債額が約三五〇〇億元にも達していたという。資本家の逃亡数からみても、工業全体で一六二人のうち染織業三一人、綿紡業二五人と多い。許滌新「関於上海市工商業情況的報告」『工業巻』三七七—三八二頁。
（5）郭棣活「上海私営棉紡織工業情況的報告」『中国紡織』第二巻第一期　一九五一年一月一日。
（6）実物換算単位で都市によって内容が異なる。
（7）（華東紡管局局長）劉少文「華東棉紡織業的現状与今後的問題」『中国紡織』第二巻第一期。
（8）前掲、郭棣活。
（9）民間企業の設備の新旧、規模の大小にはかなりの差異が存在した。例えば、上海では「解放」時点で多くの工場が大部分の設備がすでに三〇年以上使用した古いもので、ひどい場合は六〇年に近いものもあった。一方では、スイスから輸入した最新式の設備を有する工場もあった。最新式を備えた安達紗廠では二〇番手の単産が二〇斤余りだが、旧式設備の勤豊紗廠では一三斤ほど、新中紗廠では一一斤余りと倍近い差があった。規模では、最大の申新九廠では紡錘数が一三万以上あったが、最小の恒昌では千余りしかなかった。上海市紡織管理局「上海私営棉紡織工業的社会主義改造歴程」『中国資本主義工商業的社会主義改造・上海巻』（以下、『上海巻』）下冊　中共党史出版社　一九九三年。
（10）孫暁邨「論加工定貨収購中的公私関係」『新華月報』第二巻第三期　一九五〇年七月一五日。
（11）『文匯報』一九五〇年一二月九日（「紡織簡訊」『紡織建設』第四巻第一期　一九五一年一月一五日から引用）。
（12）前掲、郭棣活。
（13）上海紡織品採購供応站「上海市棉紡織印染工業　加工訂貨工作記要　一九四九—一九五六」上海档案館所蔵档案B一二二—二—六一五。
（14）上海公私営聯合購棉処は四九年九月一九日に、花紗布公司、中紡そして五二の民営紗廠と二の外国資本紗廠が参加して成立した。集めた資金は一五三五億元あまり、五〇年末までに約四八万担の綿花を購入した。

(15) 劉靖基「関於華東的聯合購棉工作」『中国紡織』第二巻第一期　一九五一年一月。
(16) 前掲、上海市紡織品採購供応站によれば、一一月二七日に花紗布公司は綿糸綿布の力量を合理的に使用し、軍用を保証し、市場にも配慮し、原料を生産に直接供給して投機を防止することなどのために指示を出した、とある。
(17) 同会議については『中国紡織』第二巻第一期に特集されている。「大団結会議」というのは、山東省私営工場代表の発言。重慶の私営工場代表も同様の発言をしている。
(18) 前掲、劉少文。
(19) 中財委「関於対私営紗廠紛紛出售問題的処理措施」一九五一年九月一二日　前掲『工商体制巻』一四五―一四七頁。
(20) 前掲、上海市紡織品採購供応站。
(21) 『解放日報』一九五一年八月五日。
(22) 恒源の献金状況については『天津日報』一九五一年九月八日、一〇月一八日、一一月一一日の記事による。
(23) 「中共中央関於鎮圧反革命活動的指示」中共中央文献研究室編『建国以来重要文献選編』第一冊　中央文献出版社　一九九二年　四二〇―四二三頁。
(24) 小林弘二『二〇世紀の農民革命と共産主義運動』勁草書房　一九九七年　一四八頁。同会議を契機とした政策転換については、本書第一章第三節参照。
(25) 筆者は、「反革命分子」・「特務分子」・「封建残余分子」とみなされた人々が本当に政権の転覆を謀って活動していたとは考えていない。こうした「反革命分子」が社会の各層に存在し、反革命活動を行っているというのは、たぶんに共産党指導者の危機感から生じた認識であって、実態を反映したものでなかった。そこで本書では、これらを括弧つきで表示し、歴史的用語として扱う。
(26) ここでの「参幹」が何を指すのかはっきりしないが、おそらく「幹部参加」運動であろうと思われる。そうであれば、地位向上が見込める幹部への参加に労働者が熱心であったのは当前と言える。
(27) 『解放日報』一九五一年三月一〇日。

(28)『解放日報』一九五一年三月二日。
(29)『解放日報』一九五一年四月一日。
(30)『解放日報』一九五一年四月三日の報道によれば、私営中紡二廠では、三月一七日に公約が締結されたが、その晩に清花間の労働者全員が毛主席の像の前で挙手をして、保衛工作を断固として実施し、内部に隠れた敵を粛清すると宣誓した。
(31)『中国紡織』第二巻第三期　一九五一年三月一日。
(32)『解放日報』一九五一年五月一九日。
(33)「清理」とは、問題のある人物を洗い出し、排除することで、組織を純潔化することを指す。いくつかの段階・レベルがあり、経歴の審査や再教育などでおわるときもあれば、粛清されてしまうこともある。本書では、審査・教育・排除・粛清など幅広い意味をもつ言葉として「清理」という語を用いる。
(34)「中央関於転発第三次全国公安会議決議的通知」中共中央文献研究室編『建国以来毛沢東文稿』第二冊　一九八八年　二九四—三〇二頁。
(35)『中国紡織』第三巻第七期　一九五一年一〇月一〇日。
(36)中央人民政府紡織工業部「一九五一年工作及一九五二年方針任務」(一九五二年七月一八日)『工業巻』五四二—五四三頁。「民主改革」の「補行」と呼ばれるのは、「解放」後の接収時点でひとまずの「民主化」は行ったとの認識を持っているからである。しかし接収時点では混乱を避けるため「原封不動」が原則であり、それほどの変化は生じなかった。実質的には五一年以降に初めて「民主改革」が行われたとみてよく、以後、煩瑣であるので単に「民主改革」とよぶ。
(37)柳平「青島国棉各廠的民主改革」『中国紡織』第三巻第六期　一九五一年九月二五日。
(38)以下の「民主改革」と労働保険登録の記述は、ともに孫舒松「民主改革後私営申新四廠気象一新」『中国紡織』第三巻第六期による。
(39)「三反」とは、党や政府機関および国営企業における汚職・浪費・官僚主義の「三害」に反対することであり、「五反」は民営企業の贈賄・脱税・加工における原料の抜き取りと手抜き・国家資材の窃取・国家の経済情報の窃取の「五毒」に反対することである。

(40)『解放日報』一九五二年二月一日。

(41)『解放日報』一九五二年二月四日。

(42)このとき宣布された処分状況は以下の通り。処分が免除された汚職人員と不正所得額が一〇〇万元以下で罪状軽く、「汚職」のレッテルがはがされたものが七四一人。「三反」中の態度が悪く、行政処分を受けた者三人。不正額が一〇〇万元以上一千万元以下で刑事処分・行政処分ともに免除されレッテルがはがされたもの一七人、刑事処分は免除だが行政処分を受けた者四八人。一千万元以上の三人は刑事処分を免除された（汚職額は大きいが、徹底的に告白し、自発的に返還を申し出たことから寛大な処理）。この日、大衆の要求によって、汚職分子が告白するように指名され、告白が十分でなかった二人がその場で逮捕され法的処置をうけることになった（『解放日報』一九五二年三月二二日）。

(43)『解放日報』一九五二年三月七日。

(44)前掲、上海市紡織品採購供応站。

(45)「上海『五反』運動」『上海巻』下冊　八七一頁。

(46)上海市紡織管理局「上海私営棉紡織工業的社会主義改造歴程」『上海巻』下冊。

(47)申新・永安・安達については、それぞれ「申新紡織企業的社会主義改造」・「永安棉紡織印染公司的社会主義改造」・「安達紡織股分有限公司社会主義改造歴史回顧」『上海巻』下冊を参照。

(48)前掲、上海市紡織管理局。

(49)薄一波『若干重大決策与事件的回顧』（上巻　一七四頁）によれば、返還すべき金額は一〇兆元であったが、これが七掛けされ七兆元と決められた。しかし上海市の民間資本の総資産額は不動産を含めても五〇兆元であり、一九五一年の利益は五兆元しかなかった。

(50)「棉紡公司関於五反退款転作公股問題与財局交行等的来往出件」（一九五六年三月）の中の「五反退財未清戸明細表」（五六年一月二四日）上海市档案館所蔵档案　B一九〇―一―六七七。

(51)『解放日報』一九五二年三月二一日。
(52)『解放日報』一九五二年六月二日によれば、華東花紗布公司は代織を拡大して民間の小型手工業綿織布業と小型絹織物業工場の生産を支援し、四月の代織工場は前年一二月にくらべ倍増し、五月の代織数量は前年一二月の二倍近くになった。
(53)『解放日報』一九五二年四月二一日。「五反」後の加工拡大は綿紡織業だけでなく、上海市では三四業種の三千あまりの工場が「政府支援」を受け、生産を回復した。
(54)同右。
(55)前掲「申新紡織企業的社会主義改造」。
(56)綿製品の品質低下についてはすでに五三年から指摘されていた。張承宗(華東紡管局局長)「為提高紡織品的品質而努力」(『新華月報』一九五三年第八号)によれば、五三年二月以降、だんだんと品質が低下していく傾向があり、品質がよくないために購買者からの非難がおきていたという。品質の問題は、原料綿花の品質の問題もあるが、政府による「計画」がノルマとして末端の工場におりてくるシステムに根本的問題がある。「計画」はつねに超過達成されなければならず、達成されれば、つぎの計画数量はさらに引き上げられた。量だけでなく品質にも注意するよう呼びかけられたが、ノルマの達成との両立は困難であったであろう。
(57)「歴年全国工業主要産品公私比重変化及趨勢」『工商体制巻』九七七—九八二頁。
(58)政務院「関於実行棉布計画収購和計画供応的命令」一九五四年九月一四日『新華月報』一九五四年第一〇号。
(59)『人民手冊』一九五五年版 四五六—四五九頁。
(60)毛沢東は逆に合営化に慎重な態度で「あわてて公私合営する必要はない。まず内地に子供をつくってはどうか」とユーモラスに答えたという(前掲「永安棉紡織印染公司的社会主義改造」)。

第四章　労働組合政策の転換

都市における大衆運動では、幅広い大衆がまきこまれ、あるいは自発的に参加していったが、なかでも労働者（とくに産業労働者）は都市住民のなかでは比較的組織され、相対的に組織力をもっていたがゆえに、運動において果たした役割はとくに大きかったと思われる。また、政府が戦争に対処していくうえで、産業労働者を生産に動員していくことは不可欠であった。つまり労働者をいかに組織し、動員していくかは、総動員態勢に必要なヒトの掌握のきわめて重要な一部をなすのである。そこで本章では、労働者の組織化がいかにおこなわれたか、また、労働者および労働者組合（中国語では工会。以下、労組）が大衆運動でどのような役割を果たし、そして運動の過程でどのような変化を生じたかをみていく。ところで、中国において労働者自身が自ら団結していこうとする下からの動きはきわめて弱く、労組のほとんどがは政策によって上から組織されたものであった。そのため労組と労働者との関係は、必ずしも調和的ではなく、労組の工作や役割は、中共指導者の認識にもとづいて策定された政策によって規定されていた。こうした理由から、労組をめぐる政策の変化を中心に検討していく。

労組政策の変化を象徴するのは、五一年に起きた労組の立場をめぐる論争とその帰結としての李立三批判である。論争に決着がついた後、労組は労働者を動員するための組織という性格をいっそう強めていく。この論争がなぜ起きたのか、当時、労組が直面していた問題とは何か、末端において労組と労働者との関係はどうであったか。これらを手がかりに考えていく。

第一節　労働者の組織化と「整風運動」

（一）労働組合の組織化

建国直前の一九四九年七月、全国工会工作会議が開催され、「全国の労働者を一年内外で組織する任務」が提起された。それ以前から労働者の組織化は徐々に進められてはいたが、「関門主義」（労働者の政治信条や意識程度を口実として加入を制限する考え）の影響により、テンポは緩慢であった。そこで、まず「関門主義」の克服が唱えられ、労組への加入条件が緩和された。思想信仰は問わず、賃金収入によって生活している「労働者」であることのみが条件となったのである。[1]また組織化の方法として「上から下へと下から上へを結合した大鉈方式」の採用が提唱されることとなったのである。

さらに、四九年一〇月、中華全国総工会（以下、全総）は常委拡大会議を開き、翌年のメーデーまでに鉄道や紡織など一〇の産業部門について全国総工会を成立させる決定を行った。以後、会員が急増し、各地域で産業別労組（準備会をふくむ）や市総工会などの成立があいつぎ、そうした動きがとくに五〇年にはいってから顕著となる。最も多くの産業労働者をかかえる紡織業では、五〇年一月に全国紡織工会代表会議が開かれ、代表大会準備委員会の委員を選出し[2]、七月の第一回全国代表大会において中国紡織工会が正式に成立した。会員数は四一万人余であった。[3]

組織化の全国的情況を見てみると、四九年一〇月時点で会員数は二四六万人であったが、五〇年七月には四〇九万人に増え、全国の労働者総数の三一％を占めた。大都市における組織率は五五～八八％、重要産業部門では六五～八六%であり、主要産業や大都市では、労働者が基本的に組織されたと言われた。[4] とりわけ上海の組織率は高く、四九年末時点で二四の産業別労組、一〇の産業別労組準備会、四一二の基層労組（工場や機関を単位とした組織）、八四八の基層労組準備会が成立し、九三万八四五七人（市全体の八七・五二%）が組織された。[5] 上海の組織率が高いことの要因として、もともと共産党の地下組織が活発に活動し、労働者の組織化が他市にくらべ進んでいたことがあげられる。しかし、四九年末に急速に会員数が伸びていること、会員数の四二・六%にあたる四〇万人が四九年一二月に新規加入していることから、先進地区の上海であっても、先にのべた組織化の加速方針が大きな推進力となったことがわかる。

このような急速な拡大を可能にした組織化の方法は、先に「大鉈方式」と述べたが、具体的にはどのような方法がとられたのであろうか。上海の場合をみると、[6] まず「解放」後五日目の四九年五月三一日に全市労働者代表大会が開かれた。そして地下闘争をしていたリーダーや迫害されて上海を離れていた労組幹部、それに新たに出現した積極分子によって上海総工会準備委員会が組織された。同会は一〇三の工作組を工場におくりこみ、労組の組織化を促した。共産党組織の基礎があるところでは、「解放」前の地下組織をもとに拡大・強化し、党の基礎がなく、国民党系の労組や幇会（ギルド的組織）しかないところでは、そうした組織のリーダーたちを教育・改造して大衆との橋梁とした。さらに「特務」勢力の強い工場では、大衆を発動して反特闘争を行い組織を樹立した、という。

上海の例からわかることは、まず上級から工作組が派遣されているように、基本的に「上から下へ」組織されたこと、その際、明らかな「特務」は排除するとしても、そのほかの旧来の組織や人脈を温存することにより、迅速な組織化を可能にしたことである。

以上から、労組組織が四九年の工会工作会議を契機として急速に拡大し、五〇年夏頃までに大都市や主要産業において、基本的な組織化が完了していたことがわかる。しかしながら、急激な組織拡大と会員数の増加は、上からの指示と工作組の派遣によってなされたものであって、一般の労働者が意識的に参加した結果でもなければ、組織が労働者ひとりひとりをしっかりと把握してなされたものでもなかった。上からの指示による急激な組織拡大と粗い労働者の把握、これがこの時期の特徴であったといえよう。

(二) 建国初期の労資関係

共産党が都市を接収管理する際、無用な混乱を避けるため「原封不動」・「原職原薪」方針をとり、都市経営をスムーズに進めようとしたことはよく知られている。しかしながら「解放」前後は、ある程度の混乱が生じることは避けがたく、極左的偏向から労資紛争も激化した。極左の動きは生産に悪影響をおよぼすことから、政府はすみやかに是正をはかった。四九年一一月、労資関係処理に関する三文件(「集団協約締結の暫行規定」・「労資関係暫行処理辦法」[7]・「労働争議解決手続の暫行規定」)を公布し、これらの法令に基づいて労働局が紛争処理にあたり、各地でばらばらに行われていた紛争処理の方法や手続を統一化していった。こうして労資紛争は徐々に沈静化し、五〇年三月初めには「全国的にみて、労資関係は漸く正常化しつつ」[8]あった。

しかし、三月以降、景気が急速に後退するなかで、労資紛争はふたたび激化していく。政府は長年の懸案であったインフレを収束させるため、商工業に対し国債をおしつけたり、税金を「突撃徴収」したりと強引な貨幣回収を行った。その結果、インフレは確かに収束したが、急激に物価が下落し、深刻な経済不振をまねいてしまった。商工業では倒産・閉鎖があいつぎ、それに伴い失業者も急増し、社会不安が醸成された。

五〇年三～五月のわずか三カ月で失業者は一五万人増加し、全国の失業労働者と知識分子の総数は、約一五〇万人にものぼり、さらに少なくない数の半失業者がいると推計された。[9] とくに二月六日に国民党軍の爆撃をうけた上海での情況は深刻であり、四月半ばまでの三カ月で新たな失業者が一二万人生じ、生活難から自殺したり、不満をもつ者が現れたりしたという。なかには一部の労働者が労組に反対したり、共産党幹部を殴打したりする事件まで発生していた。[10] 党中央はこうした事件の発生原因を「特務分子」が大衆を扇動したためと認識していたが、本当のところは、生活難に苦しむ一般民衆が、政府の政策に不満をつのらせた結果であろう。ともかくも労働者の感情や社会秩序を安定させ、政権基盤をゆるがせないために失業者の救済が急務であった。だが政府の財政も豊かではなく、労働者相互の助け合いをよびかけ、在職中の労働者に賃金から寄付を行わせ、それを失業者救済基金とした。五〇年一一月頃の情況をみると、まず救済によって困難を解決した者が一九・四六万人あり、うち「生産自救」八・二万人、「帰郷生産」（農村に近い中小都市で採られた方法で、土地改革と連動して行われた）七万人、紹介により就業した者四・二四万人であった。つぎに救済により一時的に解決した者が四七・五万人であり、うち「以工代賑」（仕事を与えて救済に代える）が九・八万人、「転業訓練」が二・五万人、「単純救済」（基金から救済金を支給）三五・一五万人であり、合計して六七万人がなんらかの救済措置をうけた。[11] しかし、それでもなお一五〇万人の失業者のうち半数以上は救済を受けていなかったことになる。

失業者を直接救済することも必要ではあるが、景気の回復をはかることが、経済再生と失業者減少のためにはより重要であった。そこで政府は新たな方針を打ち出した。それが商工業の「公私調整」策である。とくに民間商工業に対して、国営企業・政府機関が委託加工・発注を行い、景気好転の原動力となった。一方、企業内での労資関係については、賃上げや待遇改善を過度に強調する従来の態度を改め、企業側に協力して生産維持に努めるよう労組を通じて指導した。とくに労働部が四月に私営企業内において労資協商会議を設立するよう指示を出すと、[12] この形態が急速に全国にひろまり、「労資協商」路線を体現する組織となった。こうして「労資協商」の方針のもと、生産維持が当面の課題とされ、そのために労働者側は、賃金引き下げや一時帰休を「自発的」に申し入れたり、受け入れたりしていったという。例えば、上海の永安紡織公司では六月四日に労資協商会議が成立し、資本側の困難克服に協力するため、職員は自発的に平均二〇％の減俸を申し出たと報道されている。[13]

このような「労資協商」路線は、「解放」直後の極左偏向が是正されると同時に、提唱されてきたものではあったが、それでもなお、労組は労働者の日常的利益について最大の関心をよせるべきであり、労働者を守るために必要な闘争を行わなければならないと主張されていた。[14] 労働部の基本任務もまた労働者保護であり、「公私兼顧」・「労資両利」の方針によって「発展生産」・「繁栄経済」の目的を達成する、という展望が示されていた。[15] しかし、五〇年春の経済危機を克服するため、生産維持がよりいっそう強調され、「生産至上主義」が色濃くなってくるに伴い、労働者の利益保護は棚上げせざるを得なくなったのである。この頃よく唱えられた「生産が一寸のびて、はじめて福利が一分のびる」というスローガンは、当時の雰囲気をよくあらわしている。つまり「生産発展」がなければ待遇も改善しないし「労資両利」もないのである。全総は五月から六月にかけて生産工作会議を開催したが、このときには、労組の中心任務は生産を行うことであり、その基本方法は生産競争の組織であるとされた。[16] そして生産競争の先進的経験として東北の馬恒昌小組の生産工作経験が紹介され、以後、全国的に推進されていった。[17]

(三) 整風運動

五〇年春以降、末端の労組幹部たちは「労資協商」路線にしたがって工作を進めていたが、まもなく彼らの工作指導作風が問題視されるようになる。六月の華東工会工作会議では、失業救済とともに、すでに指導作風問題に重点をおいて討論がなされたという。[18] 指導作風の問題について、最初にまとまった指摘を行ったのが、七月に開催された中南区工会籌委拡大会での鄧子恢の報告であった。[19] 鄧報告の指摘する問題をひとことで言えば労組工作の「大衆からの乖離現象」ということにつきる。では、乖離現象が発生する原因とは何であろうか。鄧は次の三点をあげている。第一に、労組工作者が階級的立場を欠乏させていること。多くの公営工場で労組が行政（企業管理者）と一体化し、その付属品となってしまっている。労働者は労組を「工場のしっぽ」と呼んでいる。第二に労組工作者が労働者階級の利益をきちんと代表できていないこと。経済状況が悪化するなかで、労働者に賃下げを説得したり、国債購入を勧誘した。一方で失業問題を解決できず、労働者の不満をまねいた。第三に工作方法が大衆路線にもとづかず、官僚主義・命令主義的であること。

つまり、経済危機をのりきるために提起された「労資協商」路線とは、結局のところ労働者へ犠牲を強いることで生産を維持するものであったため、労働者の不満をまねき、その矛先が労組の幹部にむけられたのであった。

この報告は同日の『長江日報』に掲載されたが、鄧は事前にその内容を中共中央に対し報告していた。八月四日、劉少奇はこの報告を各地に転送する際、「この報告はよい」、「鄧子恢同志の方法にならって、三カ月以内に労組工作について真剣に検討を行い、中央に報告を行う」こと、というコメントを起草した。このコメントは毛沢東や周恩来などの検閲をへて発出され、同日、鄧報告は『工人日報』にも転載され、全総は全国の労組幹部に学習を通知した。九月四日には『人民日報』も全文を掲載した。[20]

こうして八月から全国の労組で開始された整風運動において、鄧報告は「整風文献」のひとつとしてひろく学習されることになった。この整風運動では、大衆と緊密な関係を保持しているかどうか、大衆に関心を払い全身全霊で奉仕しているかどうかが検査された。逆にいえば、それまで両者の関係は緊密でなく、労組は本来の任務であるはずの大衆の利益に関心が薄かったことが窺われる。つまり、四九年に組織化の加速方針が出され、急速に組織が拡大したが、内実をみれば、労組は真に労働者のための組織となっておらず、労働者をしっかり把握しておらず、支持も得られていなかった。経済危機へ対処するなかでそれが明らかとなり問題視されるようになったのである。こうした状況下で、展開された整風運動やそのなかで提唱された「大衆路線」というのは、労働者の不満、失業者急増による社会不安などを緩和するため、政府側が労働者に歩み寄り、両者の溝をうめる試みであったといえよう。こうした動きを背景に、労働者の利益や感情に配慮する施策が五〇年後半にうちだされた。具体的につぎのようなものがあげられる。

①労働保険条例(21)

労働保険は東北地域で先行して実施されており、全国に拡大する必要性が認められてはいたが、苦しい経済状況のため延期されていた。五〇年夏以降、景気が徐々に回復していくなかで全国的実施の可能性がでてきたのであろう。一〇月、草案が発表され、翌年三月から施行された(22)。保険待遇の内容をみてみると、業務による負傷の場合は治療費その他が全て企業から支給され、業務によらない負傷・疾病の場合も三カ月以内の場合は企業から、それ以上であれば労保基金から賃金の五〇～一〇〇％が支給される。労働者の家族もまた治療費などで優遇が受けられ、労働者の遺族への救済金支給や定年後の養老待遇など、労働者とその家族への手厚い保障が規定されていた。

②労働者の幹部への抜擢(23)

労組幹部が上から派遣された人間によって占められているため、労働者が親しみをもたないとして、労働者の幹部への抜擢が主張された。方法としては、幹部学校や訓練班での養成、副職につけ実地経験を積ませる、生産競争運動を通じて積極分子をひきあげることなどがあげられた。ただし、こうした試みは、実際には徐々にしか進まなかった。前章でみたように、労働者の幹部への抜擢が本格化するのは「三反」・「五反」運動の過程においてであった。

以上、五〇年夏以来の整風運動と、そのなかで強調された労働者の利益保護という労組の役割をみてきたが、こうした政府や党が労働者へ歩み寄ろうという姿勢は、その後の政策転換のなかで急速に失われていく。それでは、こうした政府の姿勢はいつ頃まで続いたのであろうか。

毛沢東は、五〇年一二月三〇日、西北局の労働運動に関する報告に対し「各地の労組工作には深刻な欠点が存在しており、一般的に各級党委の注意が不足しているがこれは正しくない。必ずこうした情況を変えなければならない」[24]とコメントをつけている。これだけの記述では、「欠点」が何を指しているのか不明であるが、中国の研究者によれば、その欠点とは「大衆からの乖離」であり、この問題に関して全総指導者の李立三と話し合ったという[25]。また一月二二日、毛沢東は、西南局が都市工作会議をひらき党内に普遍的な労働者を軽視する思想を重点的に批判し、労働者階級に依拠することを党の指導思想とすべきであることを明確にした、という同局の報告に対し、「成果があり、甚だよい」と、コメントをつけて各大行政区の指導者に電報を送っている[26]。

こうした毛沢東のコメントを読むかぎり、五一年一月の時点では、五〇年夏以降の方針が継続していたように思われる。つまり労働者階級に依拠するため、労働者を重視しなければならず、労働者の組織であるはずの労組は、労働者の利益や立場をきちんと反映すべきである、という思想と方針である。また、どちらのコメントも労組工作を四中全会（五一年五月予定）で討論するよう指示しているのであるが、肝心の四中全会は五四年まで延期される。四中全会の延期自体が、この時期、中国全体の大きな政策転換が模索されていたことの影響であると考えられるが、労組工作もまたそうした転換期にあった。

第二節　労働組合工作の転換

（一）政治局拡大会議（五一年二月半ば）[27]

五一年二月半ばに開かれた政治局拡大会議は、戦争の長期化を展望し、これを契機に各方面の政策について転換にふみきることになる重要な会議であった。同会議で決議された要点には、労組工作に関わる都市工作について、次のように述べられている。

①各中央局・分局・省市区党委は都市工作会議を年内に二回開催する。
②党委が都市工作に対する指導を強化する。
③幹部に労働者階級に依拠する思想を明確化させる。
④工場内では生産計画の実現を中心に党・政・労・団の統一的指導を実行する。
⑤増産の基礎のうえに労働者の生活をしだいに改善するようつとめる。
⑥全総および各上級労組は下級の具体的問題を重視して解決しなければならない。

全体としてみれば、「労働者階級に依拠する思想」や「増産のうえで労働者の生活改善」など五〇年の方針の延長上にあるようにみえる。しかし第四点目に「党・政・労・団の統一的指導の実行」とあり、工場内で党をトップとした一元的指導へと発展していく要素が加えられている点が注目される。これが、この後、労組の立場をめぐる論争へと発展していく。

(二) 労働組合の立場をめぐる論争

五〇年の鄧子恢報告では労組の立場について、労働者の階級利益に立つべきであり、工場管理側（行政）や政府とは立場が異なると主張していた。私営企業のみならず、公営企業においても同様で、革命の勝利により階級矛盾は消滅し、工場管理側と労組の基本的な立場は一致するが、それでも具体的な立場は異なる、と主張していた。李立三もまた同様の意見であった。彼は五一年三月に次のように述べている。国営企業においては基本的立場は一致するが、具体的立場と矛盾（国営企業内における公私矛盾）が存在する。企業内で労組と行政との関係がうまくいっていないという問題については、労組幹部が行政幹部をうまく説得することが必要であるが、一方で行政側も、労組が力をつけ、大衆のなかで威信をもてるように手助けすべきである。それには、まず第一に、労組が労働者のために提出した要求をできるだけ解決してほしい。次に労組に花を持たせ、行政が憎まれ役をかって欲しい。しかし、実際は逆になっている、と。[28]

こうした、国営企業内における「公私矛盾」を認め、それを「公私兼顧」の方法で解決しようとする李立三をはじめ多数派の意見に対し、微妙に異なる立場をとったのが東北の指導者・高崗であった。高崗は先の鄧子恢報告と同じ頃、東北総工会執行委員会拡大会議で労組工作に関する講話を行った。[29] そこで、高崗は、東北における工業建設の重要性を強調し、党・行政・労組が生産をきちんと行うというひとつの目的にむかってお互いに協力しあうことが必要であり、党委が労働運動への指導を強化しなければならない、と述べた。関内における労組工作で最大の問題とされた「大衆からの乖離」には全く触れられていないし、また後に強調されることになる、企業内の党・政・労の一致協力が主張されている点に注目できる。こうした高崗の主張の独自性には、東北の特殊性があると考えられる。「解放」

以来、東北は関内と貨幣が異なり、関内の経済動向と切り離されていた。そのため五〇年春の経済危機もさほどではなく、大衆に不景気を乗り切るための犠牲を強いることも少なかったであろう。くわえて、東北は六月に勃発した朝鮮戦争の戦場と隣接しており、後方支援のための大規模経済建設へ一足先に歩みはじめていた。

ただし、そうした主張の違いが明確化するのは、五一年四月以降である。高崗が鄧報告に対する真っ向からの批判を展開したのは、五一年四月に作成した「公営企業における行政と労組の立場の一致性を論ず」という論文においてであった。この論文は『東北日報』の社説として掲載する予定で書かれたもので、事前審査をもとめて毛沢東に送られた。それに対し、劉少奇がまもなく開かれる四中全会で、この問題を討論することをよびかけ、高崗の文章は暫時発表しないのが良いと返信した。[30] さらに劉少奇は、鄧と高の論文を読み検討したうえで五一年五、六月頃、文章を書いた。[31] そこでは、「公私矛盾」の存在を認め、「公私兼顧」で解決すべきである、という李立三と同じ意見が述べられているのだが、この文章は当時発表されず、三四年後の八五年になってようやく公開された。

このように共産党指導者の中で起きていた「労組の立場」をめぐる論争は、本来ならば、四中全会で討論されるはずであった。しかし、開催は延期され、また高崗の文章も、それに反対の立場の劉少奇の論文も、どちらも公表されないまま、論争は結局五一年末に李立三批判という形で終結をむかえる。

(三) 李立三批判

五一年一二月に開かれた、全総党組第一次拡大会議は事実上、李立三批判のための会議であった。[32] 会議では、三〇人余りが李立三に対する批判的な発言を行い、李自身も自己批判を三度行った。こうして従来の労組工作の指導に深刻な錯誤と欠点があったとみなし、その責任をすべて李立三に負わせたのである。李の錯誤とされた点は三つある。

それは、①労組工作の根本方針：経済主義の過ち。②労組と党の関係：サンディカリズム（「工団主義」）の過ち。③具体的工作方法：官僚主義・形式主義などの過ち、である。とくに①では、国営企業において個人の利益と国家の利益が一致することをわかっていない、と批判された。つまり五一年初めからの論争の焦点であった「具体的立場」や「公私矛盾」が完全に否定されてしまったのである。

こうした労組の立場をめぐる論争を正面からとりあげた小嶋華津子は、論争の過程をおもに劉少奇路線と毛沢東路線という革命路線の違いに結びつけて説明している。[33] しかし、五〇年夏に、鄧の報告が高く評価され、『整風文献』にも指定された経過をみれば、毛沢東も鄧報告の考えを承認し、あるいは積極的に支持さえしていたと考えられる。各方面の政策が、朝鮮戦争への参戦を契機にして、とくに五一年二月の政治局拡大会議以降に転換していくことから、労組工作の方針も、政権樹立時点から一貫した方針が貫かれた、あるいは二つの路線が存在していたと考えるよりは、政府全体の方針がこの時期に転換したと考えるべきではないだろうか。

それでは、論争の経過のなかで、毛沢東はいつ頃どのように考えを変えていったのであろうか。四月高崗の論文を受け取った時点では、その回答を劉少奇に任せている点からみて、まだはっきりとは転換しておらず、労組工作の方向を模索中であったと考えられる。その後、従来の方向を踏襲して書かれた劉少奇の文章が発表されなかったという事は、労組の立場をめぐり微妙な変化が、遅くとも夏頃にはすでに生じていたとわかる。こうした転換を察知したためと思われるが、一〇月、李立三は労組工作で論争が発生したいくつかの問題について毛沢東に報告を送っている。[34] 李の意見は以前と変わらず、国営企業でも「公私矛盾」があり、それは「公私兼顧」で解決できるというものであった。これに対し、毛沢東は李の意見を否定し、労組工作に深刻な過ちがある、とあるコメントの中で述べたという。[35] 一一月、李立三も加わって幹事会が成立し、同会が全総党組の工作を指導することになった。そして一二月、全総党組拡大会議が開かれ、先に述べたように李立三批判が展開されたのである。

こうした流れをまとめてみると次のようになろう。五一年二月の政治局拡大会議の決議は、労組工作についても変化の萌芽を含んだものであった。しかしながらその転換や方向性はまだはっきりしたものではなく、すぐには確定しなかった。ただ労組の立場をめぐる論争が指導部内で明確化していった。六月から一〇月にかけて毛沢東の意見は固まり、従来の方向が否定されると同時に、李立三は批判されたのである。

批判から三〇年後の八一年、李立三は彼に対して行われた五一年の批判は根拠がなかった、として全面的に覆され、ようやく名誉回復をはたした。現在の研究では、李立三批判について、まったく事実無根の間違いであったとするのみならず、労組工作における第一の「挫折」であり、労組工作者を「経済主義」や「サンディカリズム」というレッテルによって強く束縛するなどマイナス面が大きかったとみなしている。(36) だが、李立三批判によって、当時の労組工作の政策がどう変わったのか、李立三批判に根拠がなかったとすれば、なぜ彼は批判されねばならなかったか、という点は充分に説明されていない。この点をはっきりさせるためには、共産党指導部内での論争を検討するだけでなく、当時、労組が実際に直面していた問題や五一年に工場や企業の現場で何がおこっていたかという末端への視点が必要であると思われる。そこで、次に労組と労働者の関係が、この時期どのようなものであったかをみていくことにする。

第三節　労働組合と労働者の関係

（一）直面していた問題

当時の労組は、行政（企業管理側）や資本家のいいなりであるとして「行政の労組」「資本家のしっぽ」と労働者からたびたび批判されていた。さらには、労働者の話をきいてくれない、問題解決能力がないとまで言われていた。戦争特需により経済状況が好転するにともない、低くおさえられていた労働者の待遇改善を求める動きが活発化し、一部では労組の指導によらないストライキまで発生していたのである。

労働者から批判をうける一方で、行政との関係もよくはなかったようである。おそらく、労働者からの意見をうけて行政側に待遇改善をもとめても、生産至上主義のもとでとりあってもらえなかったのであろう。コスト管理を厳格に行う経済計算制導入も影響していたと思われる。こうして労組は労働者と行政側両者の板挟み状態になり、確かに無力な存在であった。先にみたように、労組の威信を高めるため、李立三や劉少奇は行政側に労組の面子をたてるような支援や工作方法（例えば、労組が行政のために話をしないなど）の改善を主張していた。だが現実には、違う方向で労組は「威信」を高めることになる。それは、五一年に続けて展開された各種大衆運動と大きく関わる。

五一年二月の拡大会議以後、都市における「反鎮」運動が本格化し激化していき、工場内においても「特務」の摘発がすすめられる。この「反鎮」を皮切りに、工場内では「民主改革」・労働保険登録・労組改選運動とつぎつぎに大衆運動が展開されていった。とくに労働保険登録工作は、労働者各人の情況を労組が把握する契機となった。以前は会員が誰かすらはっきりせず、会費もきちんと集められない状態であったというから、労組の組織率がいかに実態を反映していないものであったかがよくわかる。労保登録を労組が主体となって行うことで、労組は労働者のために働いているという印象をあたえ、また労働者各人の事情を把握することができるようになったのである。

それと同時に五一年には、労組側の労働者に対する態度に変化がみられるようになる。劉少奇が五一年五、六月頃に書いたとされる先の文章では、一般の労働者および「落後した」労働者が労組に加入するのは自己の利益を守るためであって、彼らに高い政治的意識を求めることはできない。彼らの利益を守らなければ労組から離れてしまう。まず彼らの利益を守り、信頼をえてこそ、労組は役割を果たせる、と述べている。これは五〇年の整風運動の前提となる観点を踏襲しており、また一般労働者大衆と党員や先進分子とを、ひとまず区別して対応していこうとする考えであった。ところが、五一年夏以降、一般および「落後した」労働者の政治意識を高めるための政治学習が系統的に行われるようになった。五一年六〜七月、紡織業では全国的な操業停止期間を利用して政治教育が実施され、その成果をふまえて他の産業においても、しだいに政治学習がすすめられていった。[37] 従来の労働者教育では、文化水準をたかめる文化教育に重点がおかれていたが、[38] 紡織業での成果から文化水準が低くても政治教育は可能である、と認識があらためられたという。天津では、紡織業の経験をふまえ、全市の産業労働者に対して経常的な政治学習を行う準備にとりかかった。『天津日報』の五一年八月一二日の社説「労働者の政治教育工作をきちんとしよう」では、つぎのような労働者の言葉が紹介されている。「以前は仕事をしていただけで、多くお金をもらえば、それだけ頑張った。現在は我々の生産が抗米援朝と国家建設のためであり、また生活改善のためでもあるとわかった」。そして労働者みずから「早く社会主義へむかうために」奮闘しようとよびかけている。

中国の新聞報道がニュースというより、政策宣伝であることは周知のことであり、こうした報道の実際のところは不明であるが、この時期に政治教育を行えば「落後分子」も政治意識が高まり、生産に積極的になる、という構図が描かれるようになったことが重要である。政治意識の高まった労働者は、むやみに待遇改善をもとめないはずである、として全体の利益を考えずに自分たちの福利を要求することは「経済主義」として批判されることになる。李立三批判のなかで、李のいう「公私矛盾」とは「先進」と「落後」との間の矛盾を反映したものであり、李は「落後した」者を先進の水準にひきあげるという任務を提起せず、「落後した」者にあわせてしまった、と糾弾されている。[39]しかし、先の劉少奇の文章にみられるように、「落後分子」を政治教育によって引き上げなければならない、という方針が、以前から存在していたわけではなかったのである。

五〇年の整風では、労組工作者の「大衆からの乖離」が深刻とみなされ、大衆の意見に耳を傾けることが主張された。ところが五一年夏以降は、政治教育によって「落後」を「先進」に変えることが主張されるようになった。劉少奇が指摘していた党と大衆との意識の差は、党が歩みよるのではなく、大衆の側を教育し、変えることで解決するという方向に変わっていったのである。李立三批判決議において、今後、労組が行うべき活動の筆頭に「愛国主義教育と共産主義教育の強化」があげられていることが、こうした変化をよく反映していた。

(二) 賃金調整

それでは、こうした労組の労働者への態度の変化は、具体的な工作の中で、どのように現れていたのであろうか。ここでは、労働者の最も切実な問題である賃金問題をとりあげてみたい。賃金制度の改革は、五〇年一一月に、各大行政区が調整計画をたてて実施することとなり、以後、国営企業を中心にすすめられた。その際の原則は、第一、慎重に行って、労働者の生活や政治意識に悪影響を与えない。第二、調整の目的は制度を公平・合理的にして生産を発展させ団結を強化すること、であった。その方法は、高いものは据え置き、低いものを徐々に引き上げる。高いものを下げたり、中をとったりすると変動が大きくなりすぎるので行わない。引き上げは三年、五年、あるいは一〇年と長期にわけて行う、というものであった。[40]

こうした賃金調整が必要とされる背景には、生産回復傾向とそれにともなう賃金問題の矛盾の激化、そして戦争に対処した経済建設の加速という要因があったと思われる。前者では、同一産業内、同地域での賃金格差が激しく、労働者の流動性が増し、とくに国営から私営企業への流動が発生していた。後者では、多等級で等級格差の少ない旧来の制度では、労働者の生産積極性を充分に引き出すことができなかった。また同等技術で賃金が異なることが、労働者の団結を弱め、不満をひきおこす要因になっていると認識されてもいた。賃金制度の改革は、大衆が求めるだけでなく、経済建設を加速する政府側からも要求されるようになり、着手されていったのである。

こうして五一年に国営大企業を中心として賃金調整が進められた。その特徴を李立三は次のように述べている。[41] まず、大多数の支持をえるため減額の人数が一〇%をこえないという原則がたてられ、平均して増額するのでなく、生産の発展情況に応じて増額した。つまり労働者の生活改善という単純な観点や財政負担を軽減するという観点[42]ではなく、生産性をあげるという観点から出発した。第二に、賃金水準の調整ではなく、制度の改善であり、それまでの多等級を八等級に改めた。第三に党の指導のもと、政府、企業行政と労組が一致して行った、と。つまり、生産性をあげるための制度の改善であり、それは党の指導下で行政・労組が一致協力して行っていったのである。[43]

全体的流れと特徴は、以上のようであったが、青島国棉一廠の調整工作を例に、より具体的な工作の展開をみていく。

同工場の賃金改革は、紡織業でも比較的早い時期に、試点として重点的に行われている。まず五一年一月から二カ月半かけて、調査が行われ、次のような問題点が指摘された。時給制労働者六八〇人余りのうち四〇〇人余りが、最低賃金の一・〇〇―一・五〇元の間であるなど深刻な平均主義がみられる。その一方で、同一労働なのに差が大きい場合もある。級差がわずかで一級昇格しても「タバコ銭にもならない」など、労働への刺激作用がない。生産量が増えても賃金に反映されない場合があり、労働者の不満をまねいている。

三月、調査をもとに調整方案が作成された。賃金総額は不動という原則により、三月の生産状況に基づいて試算を行った結果、調整によって賃金が減額となる労働者が全体の四六・二％、増加になる者が五〇・三％となった。つまり、最初から賃金総額不動という枠がはめられていたため、賃金水準の引き上げはできず、労働者内部での合理的な分配をいかに行うかということに調整の焦点があった。結果として、労働競争をへて高くなった労働生産性を基礎に定額（ノルマ）が定められ、出来高払い制の労働者の賃金が減額されることになった。しかし、減額される労働者の比率がこれほど大きくなることは、賃金調整では初めてのことであり、慎重かつ真剣な処理が必要とされた。そこで大衆が調整を受け入れるように、教育工作をきちんと行うこと、党・政・労・団が力をあわせてやることが重要であると認識された。実際の工作では、以下にみるように学習にかなりの時間が費やされている。

第一段階：指導幹部・中級幹部・基層幹部および骨幹分子の学習段階

全体の四分の三の時間が、上から下へ、級ごとの学習にあてられた。まず党・政・労・団の指導幹部三六人が方案について討論し、修正を加える。次に中層幹部、車間管理員・車間労組主席・党支書記など一〇六人対象の学習では、方案の精神を学習することが主で、修正意見の提起は副次的となった。ついで基層幹部・小組長・積極分子など五三九人を対象とする学習では、その中心的目的は思想をただすことであったという。指導幹部の学習には、方案に対して自分たちの意見を反映するという意味あいもあったが、級がさがり、末端になればなるほど、学習とは上からおりてきた内容をまるごと理解するだけとなっていったことがわかる。

第二段階：四日間操業を停止して大衆に対する学習を展開

この段階では、第一段階で学習をうけた幹部が骨幹の作用をはたす。また労働者大衆が抗米援朝と「民主改革」運動をへて政治的自覚を高めていたために、賃金方案は非常に順調に受け入れられたという。ただし、仕上げ工は、当初話が通じなかった。従来の計算方法は、多く働けばそれだけ多く収入が得られる無制限の出来高払いであり、それが当然と思っていたため、定額を改正することの必要性が理解できなかった。しかし討論と学習をへて、どうして定期的に定額を改正しなければならないかを理解したと述べられている。

第三段階：評級工作

時給制では評級が賃金を決定する最後の鍵であり、困難な工作であった。車間分会が初評名簿を提出し、それを賃金調整委員会が審査し、各車間で評級尺度を統一した。また初歩的な試算を行い、工場全体で賃金増加が五一・二三%、減額が四三・九五%、減額深度が〇・六八四%で基本的に総額不動の原則に符合させた。

以上の経過から、労働者の最も切実な問題である賃金調整が、党・行政・労組・青年団の一致協力のもとで、比較的順調に進められたこと、賃金の引き下げに不満をもつ労働者に対しては「教育」という方法で解決していったことがわかるであろう。同時期に論争となっていた労組の独自の立場ということは、具体的な工作のなかでは全く意味をなしていなかったのである。労組の労働者大衆の利益を代表するという役割は、すでに有名無実化していたと言える。

(三) 基層労組の改選運動(44)

労組が行政や党と一体化して工作をすすめることは、労働者に対して大きな権力をもつことになるが、その一方で労働者から「行政のしっぽ」と言われるように「労働者のための組織」という性格がさらに希薄化し、「大衆から乖離」していくことにもなる。この問題を解決することになるひとつの契機が労組の改選であった。五一年に行われた労組の改選は、単に選挙によって幹部を選ぶというだけではなく、当時の中心工作と結合することで大衆運動として展開されたことに意味がある。改選に大衆を発動し、まきこむことで労組と大衆との関係を強めていったのである。

五一年三月初め、上海総工会は改選工作に関する指示を出し、改選工作専業会議を開催した。以後産業ごとに改選準備が行われる。同時期、企業内では、「反鎮」運動と愛国公約運動が中心工作として展開されており、この三者は緊密に結合して推進された。当初、労組幹部には、労組工作は骨折りなので交替したいという「交替思想」があり、一方大衆は「自分とは関係ない」と無関心であった。

改選手順としては、まず下から上へ候補者が選出された。小組の編制替えからはじまり、小組長を選挙し、ついで候補者を選出した。候補者をたてた後は、選挙広報活動も行われた。達豊染織廠では、候補者の長所・経歴・写真の展示が行われ、候補者が車間をまわって宣伝したり、紹介会がひらかれたり、説明員が配置されたりした。

ついで愛国公約の検査・修正という実際行動で改選を迎えよう、とスローガンが出され、愛国公約の検査・修正が行われた。小組が選出した代表を送り出すときに、爆竹や花束で代表を送るという旧来の行動が否定され、かわって選挙大会のときに各小組ごとの愛国公約が発表された。

候補者選出にあたっては、これまでの労組工作がうまくいかなかったのは「特務」がまじっていたためであるとして、「生産性・代表性・純潔性」の三原則が強調された。例えば達豊染織廠では、前期の委員一九人のうち、二人が「特務分子」として逮捕され、四人が「登録分子」（過去の経歴のために登録すべき人間）であり、そうした「特務」たちが労組を支配していたという。また、国棉十一廠では選出された候補者のなかに「陸匪京士系幹部」(45)一二人が混じっている、として選挙委員会の指摘をうけた。つまり、候補者選出過程で「反特」・「反鎮」運動と結合し、その結果、候補者は政府が望むように「純潔」な者が選ばれたのである。また「職員」と「労働者」、「男工」と「女工」の比率についても上から指示、操作があったようである。上海市政工会の上水分会では、「原則」問題をきちんと説明していなかったために、ある部門の候補者四人のうち三人までが職員であった、としてこれを問題視している。国営上海第二印染廠では、慎重な選挙の結果、二六人の候補者のうち「老技工」（熟練技術労働者）が九人であり、このことは今後の生産に有益であると述べられている。達豊では、「今回の選挙は基本的に成功」であるとみなしているが、それは選出された委員の労働者・職員の比率が指導部の要求に符合していたという点を根拠としている。

選挙は、一般の労働者ひとりひとりが直接参加する形で、形式上は、下から上へ行われていった。こうしたことにより労働者は、自分たちが選出した委員であるという意識をある程度もつことができたであろう。また、労働者の比率があがり、以前のような「職員の会」という性質も変化した。政治的に「進んだ青年工」と、政治的には「落後」だが技術がある「老工」との間の矛盾も、委員に「老工」を入れることで解消しようとしており、生産重視の姿勢がみてとれる。そして最も重要なのは、「反鎮」・「反特」と結合させて「反動的」とみなされた人物が排除され「純潔」化していったことである。革命前の労組で勢力をもっていた各種幇会や秘密結社の勢力は、労組を急速に拡大していく段階では、温存され一律に排除されることはなかった。だが、「反鎮」と結合した労組改選の過程で、旧来の勢力は労組から駆逐されていったのである。繰り返し行われた教育・学習を通じて、労働者の意識はうまく操作され、最終的に上がのぞむような結果にもっていったのである。

第四節　「三反」・「五反」運動と労働組合

（一）運動における役割

これまでみてきたように、五一年には各工場・企業において「反鎮」運動を皮切りに、それと結合させて愛国主義増産運動や「民主改革」運動、労働保険登録工作、労組の改選運動といった大衆運動がつぎつぎと展開されていった。しかし、いずれの運動も大企業や重要産業部門において行われていただけであり、社会全体からみれば、まだ運動が十分展開されていない部分も多く残されていた。そうした手つかずの部分をもまきこみ、より広範囲にそしてより過激に展開されたのが、「三反」・「五反」運動であった。この運動の全体像は、次章にゆずるとして、以下では、「三反」・「五反」運動において労組が果たした役割と、そうした役割を果たしていく中で、労組自身がどのように変化したかに焦点をあててみていく。

①「三反」運動

国営企業では、党・政・労・団が召集した職工大会・団員大会・青年職工大会の場において大衆は汚職をつぎつぎと告発していった。『解放日報』によると、上海国棉九廠では、五二年一月一四日に「三反」運動が開始され、一七日に職工代表会議が開かれた。これに四二一人が参加し、正式代表一六七人のほか各労組の組織ごとに三人の「骨幹分子」が列席している。この会議では、九九件の提案が出されたが、五件をのぞきすべて「三反」の告発であった。最後に「本工場での『三反』運動の展開」、と「増産節約委員会の成立と検査組の組織」の二つの決議を通過させ、増産節約委員会委員一五人を選出した。この後、各車間において車間大会が開かれ、本格的に運動が開始されることになった。[46] この記事からわかることは、労組の組織が職工代表を送る母胎となっていること、そしておそらく労組が労働者の組織化を高めていたからこそ、運動が開始されてわずか三日後に大規模な職工代表会議を開くことができ、九四件もの告発を提出できたということである。

また、天津棉紡四廠は宣伝活動に力をいれて労働者の戦闘意欲を鼓舞した、と報道されている。『天津日報』の記事によると、まず六四〇名余りを「三反」運動の宣伝隊として組織した。そして増産節約委員会が毎日、「戦報」と「公開信箱」（公開私書箱）を謄写版刷りし労組の小組に配布し討論させた。「戦報」は「虎」（汚職犯）退治の戦果を報道して志気をたかめ、それと同時に大衆が闘争すべき方向を指し示していた。例えば、「戦報」が医務室に汚職があると指摘するや、労働者は「火力を集中して」医師の汚職事実を摘発した、という。また「公開信箱」には、労働者からの告発が掲載されたが、それもまた「虎退治」の具体的目標を指し示すことになった。[47] このように運動を推進するうえで大きな役割をはたしていた宣伝隊と労組との関連は不明確である。ただし、「戦報」などをもとに討論を行うときの単位が「労組小組」であったということは、上級が労働者を把握するときのまとまりとして労組が機能していたことを示唆している。

つまり、労組の組織がすでに整備・強化されていた国営企業においては、労働者の代表を出したり、宣伝・学習工作を行うときの単位として労組が活用されていたといえよう。しかしながら、末端でそうした機能を果たしながらも、労組が運動を直接指導したり、労組が独自に行動していた様子はあまり窺えない。職工代表会議の開催などは、ほとんどが党・政・労・団が連合で行っていたし、運動の指導機関である増産節約委の責任者には党員がついていたようである。党の統一的指導をうけ、政・労・団がそれに協力する形で運動は展開されていったのである。

②「五反」運動

「五反」運動の直接の担い手は、工場の労働者と商店の店員であった。しかし、「三反」と同じく「五反」でもやはり、労働者組織である労組が直接運動を指導していったのではなかった。以下、上海での「五反」運動についてみていく。

まず、運動の総指揮をとるのは増産節約委員会（市・区レベル、工場レベルがある）であり、下部組織として次のような組織が成立した。「五反」検査隊（数千人を選び、数十を組織）、「五反」委員会（約千あり、基層労組幹部と労働者積極分子二万五千人が参加）、「五反」工作隊（二五四〇個、五万人の隊員、上海総工会が指導）、「五反」工作組（中小業者に派遣）[48]。

このうち工作隊は各工場・商店において、上海総工会からの支援をうけ党支部と労組が組織した。安達紗廠では四月二日に工作隊を組織したが、それを上海総工会から派遣された四人が支援した[49]。このほかに婦聯（婦人団体）や青年団を通じて資本家の家族を動員したり、「立功小組」（罪をおかした業者も、ほかの犯罪者を告発することで功績をあげたとみとめられれば罪を軽減された。そうした活動を行うグループのこと）のように商工業者自身が運動に参加する組織もつくられた。

運動に参加した労働者は、合計で七二万人にのぼり、私営企業の労働者総数の九六％以上を占めた。「五反」を実施しなかった企業もごく一部にあることを考えれば、実施した企業では、ほぼ一〇〇％の労働者が動員されたといえる。これに幹部・家族・商工業者自身を加えると一三五万人以上が直接運動に関わった。

動員の過程をみていくと「五反」運動における労組の役割は、労働者を動員する際、用いられる、いくつかある経路のうちのひとつにすぎなかったようである。総工会が大きなリーダーシップをとってはいたが、個々の企業内では、労組単独ではなく、必ず党・政・労・団が一体となって動員を行っていた。運動の担い手が労働者でありながら、労組が主体でなかったということは、運動前の労組組織の相対的弱さの現れともいえよう。とくに、中小企業においては、上級から派遣される工作組の役割が大きかった。大企業では、五一年の各種運動を通じて、労組組織がそれなりに整備され強化されてはいたが、中小企業ではまだ発展途上であった。また労組の組織率はかなり高まってはいたが、一〇〇%ではなく、会員以外の広範な労働者や家族などを発動する必要から、あらゆる組織を通じて動員がかけられたのである。

（二） 運動の影響

五二年三月二三日に出された中共中央の「五反」闘争の目的に関する指示のなかでは、次のように述べられている。「労働者階級と資本家階級の境界をはっきりとひき、労組における汚職現象と大衆からの乖離という官僚主義の現象を一掃し、労組の中の資本家階級の手先を追放する。各地の労組では、いずれもこのような手先および労資の間で動揺している中間分子が発生しており、われわれは必ず闘争の中で中間分子を教育し獲得しなければならず、深刻な罪をおかした資本家の手先に対してはこれを追放する」(50)。要するに、労組自身の純潔さが疑われていたのである。

そして「五反」運動の過程で、資本家の労働者階級と労組に対する凶悪な攻撃が「暴露」された。二月半ばに上海で開催された私営工場労組幹部座談会では、ブルジョワジーの労働者や労組に対する罪状として、以下のことがあげられている。労働者を脅して労組に参加させなかった、分派を組織して労組に対抗させた、「反動分子」を労組に紛れ込ませた、労組幹部を腐敗させ労働者の団結を破壊した、「抗米援朝、生産をきちんとしよう」を口実に搾取を行った。[51]分派や「反動分子」の存在というのは、もともとそれらを温存し利用するかたちで労組の組織化を加速した経緯があったのだが、「五反」運動では、それを「資本家の罪状」として糾弾したのである。さらに「五反」以前には、私営企業の基層労組幹部のうち約五〇％までが資本側に支配されたり、利用されたりしていた、という調査もある。それは五〇年春以降の「労資協商」路線が強調されるなかで、生産の維持や回復のために資本家に協力することを余儀なくされた労組幹部たちの行為を指すのであろう。

運動の中で列挙されている批判がどれほど事実を反映しているかどうかはともかく、こうした認識において、労組のなかにおける「反動分子」や資本家と癒着しているとみなされた幹部が探し出され、批判を受けることになる。

労組における「三反」は二月末から三月にかけて本格化したが、金銭がからむ労働保険部門と財務部門での汚職が深刻であったという。[52]また「解放」前に資本家であったとか、労働者を抑圧したことがあった、といった過去の経歴が、「汚職者」の罪状としてあげられ、そうした人物が、「解放」後、「積極を装って」労組にまぎれこんだと報じられている。さらに労組の工作自体に、資本家との「団結」や「協商」を過度に強調する深刻な右傾思想が存在するとされ、「五反」で検挙された「五毒」の存在を知りながら、阻止したり、告発しなかったことも批判の対象となった。[53]

「三反」運動の結果、国営企業における幹部の構成に変化がみられたこと、労組幹部数が減少する一方で、党委や団委・行政幹部などとの兼職化が進んでいたことは、前章で述べた。つまり、運動を展開するにあたり党・政・労・団は一致協力してあたったが、運動後には、さらに幹部の一体化もすすんでいたのである。また、かつて「封建党団」に参加したことのある人物の排除も見られた。本来、労組は大衆団体であって、会員の政治性や宗派は問わないはずであったが、五一年の改選工作運動のあたりから、政治的純潔化が求められるようになり、「三反」・「五反」後には、共産主義教育による思想統一がより一層強調されていくようになる。

一方、上海では「五反」運動をへて、新たに五四〇の労組が組織され、会員も三万四千人余り増えた。[54] 運動の過程で、一層幅広い労働者、とくに中小企業や商店の労働者・店員を動員したことが、労組の組織拡充につながったと思われる。

では、「三反」・「五反」運動により、より一層強固となり「純潔化」した労組が、果たすことを求められた役割とは何であろうか。「三反」・「五反」運動以後の労組の役割と性質についてみてみよう。

（三）第七次代表大会と新章程

「三反」・「五反」運動の混乱がようやくおさまった、五三年五月二日から一二日にかけて、労組の第七次代表大会が開催された。[55] 第六次大会が四八年に開催されて以来開かれておらず、建国後初めての全国代表大会であった。したがって同大会は、その間に生じた情勢の大きな変化に基づき、労働運動と労組工作に新たな方針を制定した会議と位置づけることができる。

同会議では、まず劉少奇が祝辞のなかで国家の工業化と社会主義への移行という偉大な任務を新たな奮闘目標として提起した。この大会で主席に就任する頼若愚が「労組工作に関する報告」を行った。この報告はその副題に「国家の工業建設の任務を完成するために奮闘しよう」と付けられている通り、「生産主義」の色彩が濃いものであった。生産性をあげるために労働者への教育（とくに政治教育）や労働競争を組織することなどが強調されている。『中国工会史』では、この大会と大会決議について、李立三批判の消極的影響をうけたため、労働者の利益保護という職能などについて不足するところがあった、という評価を下している。[56] 李立三批判の影響や労働者の利益保護の観点が弱いことは確かであるが、それは「不足」という評価でよいであろうか。「不足」ということは、保護機能が付け加えられていればよかった、というだけのことを意味する。これまでみてきたように、それは単なる「不足」ではないし、また労組工作にとどまらない中国全体の政策転換に付随するものであったと考えねばならない。

では、労組工作の政策が転換された後の新たな方向性を、同会議で通過した新しい「工会章程」から探ってみたい。まず旧章程の「総綱」では総工会の宗旨として、「労働者の利益を保護」することがうたわれている。一方、新章程では「労組はつねに労働者大衆の生活状況と労働条件に関心をよせるべき」であるとするが、労働者の物質生活と文化生活の改善は「生産発展の基礎のうえに」次第に行われるもの、と規定された。

また、国民党統治時期と異なり、労働者階級が指導階級であるのだから、労働者個人の利益と国家の利益は一致するはず、という考えが前面に押し出されている。そうした考えに立てば、労働者と国家との関係は調和的であるはずであり、よって労組が労働者の利益を保護したり、代表したりする必要もないのである。

新章程を旧章程と比較したときの特徴は「総綱」に最もよく現れている。旧章程ではわずか全二条で、全総の名称と宗旨として労働者の団結、利益保護、労働者階級の解放、などが簡潔に述べられているのみであった。新章程では、「中国の労働者階級は中国共産党と偉大な領袖である毛沢東同志の指導のもと、長期にわたる闘争を行い……、人民民主革命の偉大なる勝利をおさめた」と、労働運動における中共の指導的役割を述べることから始まり、労組における党の指導がはっきりと述べられている。建国後（五〇年六月）に制定された「工会法」においても、労組と党との関係については何も触れられていなかったのと対照的である。

さらに次のように続く。労組の国家建設時期における最も重要な任務は、労働者階級の団結を強化し、労農連盟を強固にし、労働者大衆を教育して自覚的に国家法令と労働規律を遵守させ、生産の発展に努力させ、労働生産性を不断に向上させ、国家の生産計画を完成・超過達成して国家の工業化を加速し、社会主義社会へ次第に移行するために闘争することである。国営企業においては、労働者こそが企業の主人であり、労組は労働者大衆を動員・組織して国家の生産計画を達成・超過達成する神聖な責任を有する。公私合営あるいは国家の加工が固定されている企業では、労組は生産をきちんと行い契約の履行を監督することに対して重大な責任をもつ。私営企業では労働者はなお搾取される地位にあるが、労働者の政治的権利と正当な経済利益は、国家法令と労組組織によって確実に保証されているので、私営企業でも労組は労働者大衆を組織し教育し、生産をきちんと行い、資本家が政府法令を遵守しているか監督する責任を有する、と。

要するに、国営企業では、名実共に党・政・労・団が一体化し、党による一元的指導が強められていき、実態としてだけでなく、建前上でも労組は独自の立場をもたなくなったのである。一方、私営企業では、労組は資本家の不正行為を監督する「生産監督」の組織として位置づけられている。そして国営・私営を問わず、労組は、国家の計画を達成するために、生産競争を展開し、労働者を教育する責任を有するようになった。こうして労組は、労働者大衆のための組織ではなく、国家の生産計画を達成するために、労働者を動員・組織・教育する「国家機関化」していったのである。

建国初期の都市における政治過程について先駆的業績のある小林弘二は「労働組合活動の基本原則としての生産主義は、すでに新中国成立以前にこれを認めうる。やがて経済建設が軌道に乗るにつれてそれはより明確にされ、強化された」と述べ、そうした生産主義が労働組合の「国家機関化」を正当化し、促進したという見解を述べている。[57]

労組が先進国の労働組合とは異なり、労働者の利益保護の組織ではなく国家の政策を遂行するための「国家機関化」していったことは、本章においてこれまでみてきた通りであり、同意できる。しかし、その歴史的経緯は単に、新中国成立以前からの一貫した流れの中で理解できるであろうか。五〇年六月の「工会法」でもなお「利益保護」はうたわれていたし、労働者の「物質・文化生活の改善の責任」が明記されていた。五〇年夏以降の整風運動では、労組がよりいっそうはっきりと労働者の立場にたつことが主張されていた。五一年に連続して展開された大衆運動とその結果としての労組の再編や、党の一元的指導強化が労組の性質を変えていったと考えるべきであろう。李立三批判は、そうした労組の性質を変える転換点としての意味をもつものであった。

建国後、労働者階級は指導階級になった、というのはあくまで理念であって、現実の労働者の置かれた状況にはさして変化がなかった。労働者は自己の利益のために労組に参加していたのであり、利益が保護されない、あるいは侵害されるのであれば当然不満をもち離れていく。こうした労働者の考えに対して、劉少奇は仕方のないことであり、労働者の利益に配慮しつつ、徐々に意識をかえていかなければならない、としていた。しかし五三年の七次大会時点では、「現在の利益と局部的利益は長期的利益と全体の利益に服従」することが規定され、そのために労働者の意識を高めること、共産主義教育の重要性が強調されるにいたった。この大会の時点で、全国には一八万の基層組織があり、一、〇二〇万人の会員を有し、労働者は基本的に組織され、さらには労働者の家族に対する組織化も着手されていた。こうして産業労働者を中心に労働者とその家族は、労組を通じて掌握され、管理されていくことになる。労組は労働者の利益を代表するのではなく、小林の言葉でいえば「国家機関化」、あるいはグレゴリー・ガザの言葉でいえば「被管理大衆団体」(58)化していったのである。

第五節　小　結

ここで、再度、李立三批判へ立ち戻り、その意味とその後の変化をまとめてみたい。李立三批判決議では、労組の役割を共産主義の学校になることであるとし、これに反して全総の旧章程が会員の「宗教信仰」を問わず、国民党や一貫道のような「反動・封建」組織の関係者すら容認してきたことは、重大な間違いであったと述べている。この批判をうけ、以後の労組では政治色が強まり、会員の思想を共産主義で統一化していこうとする。

同時に党中央および各級党委の指導が明確化された。五〇年六月の「工会法」では、「(労組は) 大衆組織であって、全国的に独立し、統一された組織系統をもち、全総を最高指導機関とする」とするのみで、共産党との関係にはとくに規定がなかった。実際には名誉主席を劉少奇、副主席を李立三がつとめ、地方労組の主席も党のリーダー（北京では彭真、天津では黄火青が労組主席）がついていて、工作幹部にも党員は多かった。李立三自身、五〇年三月に、全総の指示はすべて党中央を経て出されたものであると述べているように[59]、労組は法律上独立した組織であっても、実態では党の緊密な指導下にあったのである。「労組の立場」論争では、たしかに労組が労働者の階級的立場にたつべきである、とされたが、重要な部分で党の指導を受ける建前上の「独立」にすぎなかった。しかし、そうした建前上の「独立」性すら徐々に否定されていき、全総内の党組の強化がはかられるようになった。中央の指示を実施したり、重大な問題について処理するさい、まず党組が討論を行うことになり、各級労組や基層組織にも党組が成立し、党組を通じた指導体制が確立していくことになる。

労組の工作方針における変化は、五一年春以降しだいに明確になっていった。ただし転換過程において、整風運動の学習文献にまで指定された「鄧子恢報告」の路線を否定することは、容易ではなかったであろう。建国前から労働運動を指導し、建国後も労組工作の日常業務をとりしきっていた李立三への批判は、労組工作従事者に大きな衝撃を与えたはずであり、こうした一種の荒療治によって路線の転換がはかられたのであった。

それでは、こうした労組政策の路線の転換は、ヒトの掌握という視角からみたとき、なにを意味するであろうか。労組と労働者の関係についてみれば、路線の転換は、労組の役割を、労働者の利益表出から、労働者の教育・管理へと変化させた。労働者はみずからの利益を主張する組織を失い、ただひたすら国家のために生産に励まなければならなくなったのである。それと同時に、連続的に展開された政治運動によって、ゆるやかだった労組による労働者の把握は、しだいに密になり強固になっていった。こうして、労働者を掌握した労組を「国家機関化」することで、政府は労働者を基本的に掌握することを可能としたのである。

●注

（1）「中華全国総工会一年来的工作報告」『中国工人』一九五〇年第四期（一九五〇年五月）。
（2）「国内工運大事記」『中国工人』創刊号（一九五〇年二月）。
（3）「国内工運大事記」『中国工人』一九五〇年第七期（一九五〇年八月）。
（4）中華全国総工会「一年来的中国工人運動」『中国工人』一九五〇年第九期（一九五〇年一〇月）。なお、五〇年五月時点の全国の紡織労働者総数は四七万六千人余りであり、労組の組織率は八六・五六％であった（陳少敏「展開生産競賽、争取更大勝利」『中国工人』一九五〇年第九期）。
（5）注（3）に同じ。
（6）「一年来的上海工人運動」解放日報社編『上海解放一年』同社、一九五〇年七月。

（7）『中国資本主義工商業的社会主義改造（中央巻）』上冊、中共党史出版社　一九九三年、七二―八一頁。
（8）艾煊「新的労資関係」（一九五〇年三月二七日）『中国工人』一九五〇年第四期。
（9）毛斉華「一年来救済失業工人工作的成績」（一九五一年五月一日）中国社会科学院・中央档案館編『一九四九―一九五二中華人民共和国経済档案資料選編：労働工資和職工福利巻』（以下、『労動巻』と記す）中国社会科学出版社　一九九四年、一五七―一五八頁。
（10）「中共中央関於挙行全国救済失業工人運動和籌措救済失業工人基金辦法的指示」（一九五〇年四月一四日）『労働巻』一五七頁。
（11）「中国工運動態」『中国工人』一九五〇年第一期（一九五〇年一二月）。
（12）労資協商会議とは、労働者側と資本側がそれぞれ代表を出して平等に協議を行うための機関であり、企業経営と行政管理の責任はおわない。それ以前に提唱されていた集団協約のほうが、協商会議に較べより進んだ形式であり、安定的関係であるが、当時のように経済状況が非常に困難で不安定ななかでは協約締結は困難であると判断され、紛争を随時協議する協商会議が全国的に推進されていった。
（13）『解放日報』一九五〇年六月五日。
（14）劉長勝「関於上海工人運動当前方針与任務的報告―在上海工人代表大会上」『中国工人』一九五〇年第三期（一九五〇年四月）。
（15）李立三「労働政策与労働部的任務」（五〇年三月八日の第一次全国労働局長会議での報告）『中国工人』一九五〇年第五期（一九五〇年六月）。
（16）「国内工運大事記」『中国工人』一九五〇年第六期（一九五〇年七月）。
（17）瀋陽機器工廠の馬恒昌小組の経験を普及させる運動は、東北では五〇年四月から、全国的には五一年一月から開始され、三月以降本格化していった。その内容は、①技術研究を制度化　②責任制・分業・相互検査・助け合い　③新人労働者の養成であり、この三点を通じて製品の品質向上と任務の達成を実現したということであった。

(18)「国内工運大事記」『中国工人』一九五〇年第六期。
(19)「関於工会工作中三個基本問題」（一九五〇年七月三〇日）『中国工人』一九五〇年第八期（一九五〇年九月）。
(20)馬斉彬・陳文斌編『中国共産党執政四十年』中共党史資料出版社　一九八九年、四二頁。
(21)「中華人民共和国労働保険条例」（日本国際問題研究所中国部会編『新中国資料集成』第三巻　一九六九年）二六五―二七三頁。
(22)ただし、当初は被雇用労働者・職員が一〇〇人以上の大企業に限定して適用され、その後徐々に適用範囲が拡大された。
(23)『工人日報』一九五〇年一二月八日。
(24)「中央転発西北局関於工会工作報告的批語」（中共中央文献研究室編『建国以来毛沢東文稿』第一冊　中央文献出版社一九八七年、以下『毛文稿』と略記）七五三頁。
(25)何布峰「試論毛沢東与新中国工人階級和工会」『工会理論与実践』一九九三年六月、『復印報刊資料：工人組織与活動』一九九四年一月。
(26)「関於建議再開一次城市工作会議給鄧小平的電報」『毛文稿』第二冊　一九八八年　四九―五〇頁。
(27)「中共中央政治局拡大会議決議要点」（一九五一年二月一八日）中共中央文献研究室編『建国以来重要文献』第二冊　中央文献出版社　一九九二年、三九―四三頁。毛沢東が起草し党内に通知された決議要点が公開されているのみで、会議についての詳細は不明である。
(28)李立三「行政与工会的関係」中国工運学院編『李立三頼若愚論工会』档案出版社　一九八七年、一四六―一四九頁。
(29)「高崗同志指示工会工作：七月二一日在東北総工会執委拡大会上」『東北日報』（一九五〇年八月三日）、『新華月報』第二期第五巻（一九五〇年九月一五日）に掲載。
(30)前掲『中国共産党執政四十年』四二頁。この高崗論文はいまだに公開されていないようである。
(31)のちに「国営工場内部の矛盾と工会の基本任務」と題して『劉少奇選集』に収められた。
(32)同会議の内容については以下の文献によった。「関於全国総工会工作的決議」中華全国総工会辦公庁編『建国以来中共中

央関於工人運動文件選編』(以下、『工人文件』と略記)上冊　中国工人出版社　一九八九年、八三―九五頁。王永璽主編『中国工会史』中共党史出版社　一九九二年、三四八―三四九頁。

(33) 小嶋華津子「中国共産党と労働組合――建国初期の『工会』をめぐる論争」『アジア研究』第四二巻第三号　一九九六年。小嶋は鄧報告が発表された五〇年七月を論争の契機ととらえ、以後論争が表面化した、としているが、鄧の論文は「整風文献」に指定されてひろく学習された文献であり、それに表だって反論することは不可能であったと思われる。また、高崗の反論がでてくるのも半年以上経過した翌年四月であり、五〇年からすでに論争が活発に行われていたとは考えにくい。

(34) 「関於工会工作中発生争論的問題的意見向毛主席的報告」(一九五一年一〇月二日)前掲『李立三頼若愚論工会』一五六―一五八頁。

(35) 前掲『中国共産党執政四十年』四二頁。なお、この毛沢東の批語は未見。

(36) 前掲『中国工会史』三四八―三四九頁。中華全国総工会編『中華全国総工会七十年』中国工人出版社　一九九五年、三二三―三二五頁。王建初「論建国後工人運動的三次挫折」『史林』一九九四年四月。

(37) 「紡織工人政治教育基本総決」『天津日報』一九五一年八月一二日。なおこのとき天津で行われた政治教育の課題は「階級と階級闘争」・「労働者階級の歴史的地位」・「中国共産党」・「社会主義・共産主義」・「帝国主義」・「国家と専政」・「中国新民主主義社会」の七つであった。

(38) 五〇年春、全総は一年間の工作を総括するなかで、「文化を主体とした業余教育の創設を提議し、それが労働者に支持された」と述べている(『中国工人』一九五〇年第四期)。九月に開かれた全国工農教育会議でも文化教育が主要であり、それに政治教育と技術教育を結合させる、としていた。

(39) 李富春「在工会工作問題上的分岐」『工人文件』九六―一一六頁。

(40) 「中南局関於目前処理工人工資福利原則的暫行規定」(一九五〇年一一月七日)『労働巻』五五三頁。

(41) 「李立三同志関於調整工資状況的総合報告」(一九五一年五月二七日)『労働巻』五五九―五六五頁。

(42) 「解放」初期には公営国営企業で大幅な賃金カットが行われたようである。例えば、重慶では「解放」前後の賃金を比較すると、職員では多いもので五二%、少ないもので一八%、一般には三〇～四〇%、労働者では多くて四六%、少なくて一五%、一般に二〇～三〇%前後引き下げられた。また従来の軽工業の賃金が重工業より高い、職員が労働者より高い「不合理」な状況を「是正」したというが、おそらく軽工業や職員の賃金が大幅にカットされたのであろう（中華全国総工会「西南区解放前後的工資概況」（一九五〇年八月）『労働巻』五〇五―五一六頁）。

(43) 以下の青島一廠に関する記述は『中国紡織』三―七（一九五一年一〇月）による。

(44) 以下、労組改選についての記述は、労働出版社編『上海工会基層組織改選工作点滴経験』同社出版　一九五一年、による。

(45) 陸京士は、上海で労働組合やその連合組織である労働協会の設立にかかわった、国民党系の労働組合の指導者。四九年、台湾に移る。

(46) 『解放日報』一九五二年二月一二日。

(47) 『天津日報』一九五二年二月二三日。

(48) 以下、上海の「五反」運動についての記述はおもに以下によった。上海「五反」運動専題編写小組「上海『五反』運動」『中国資本主義工商業的社会主義改造：上海巻』（以下『上海巻』）下冊　中共党史出版社　一九九三年、八五九―八八五頁。

(49) 上海第二十八棉紡織廠「安達紡織股分有限公司社会主義改造歴史回顧」『上海巻』下冊　一二三五―一二四二頁。

(50) 「中共中央関於在『五反』闘争中及其以後必須達到的八項目的的指示」中共中央文献研究室編『建国以来重要文献選編』第三冊　一九九二年、一二八―一三〇頁。

(51) 『工人日報』一九五二年二月二九日。

(52) 『工人日報』一九五二年三月二日。

(53) 『工人日報』一九五二年三月四日。

(54) 前掲、「上海『五反』運動」。

(55) この大会での報告や決議については、工人出版社編『中国工会第七次全国代表大会主要文件』同社出版　一九五三年、による。

(56) 前掲『中国工会史』三五一—三五二頁。

(57) 小林弘二『中国革命と都市の解放——新中国建国初期の政治過程』有斐閣　一九七四年、一九八頁。

(58) グレゴリー・カザ（岡田良之助訳）『大衆動員社会』柏書房　一九九一年。同書では中国における「被管理大衆団体」として労組のほかに、隣保会・人民公社・青年団などもあげている。

(59) 李立三「在全国工会組織会議上的報告」前掲『李立三頼若愚論工会』一二四—一三四頁。

第五章　大衆運動の連鎖

本章では、これまで断片的に述べてきた大衆運動そのものを正面からとりあげ、各種運動の全体像と、それぞれの運動がどのように関連していたかを明らかにしたい。しかしながら、各地域・各産業・社会各層において、運動の展開状況に不均衡や差異がみられること、また現在利用できる史料が限られていることから、すべてを網羅して描き出すことは不可能に近い。そこで、運動が発動されるにいたる中央の認識の変化や、運動に関わる政府の方針・指示を検討するとともに、いくつかの地域を選んで運動の展開過程と運動のもたらした影響を時系列にそってみていく。

第一節　「反革命鎮圧」運動：「剿匪」から「反革命鎮圧」へ

「反革命鎮圧」運動発動に対する従来の中共の公式見解は、そしてそれはまた通説でもあるが、つぎのようであった。朝鮮戦争勃発後、国内に潜伏していた「反革命分子」が、機に乗じてふたたび活動を活発化させ、各種の破壊工作を行った。そこで中央は「反革命勢力」を鎮圧する運動を断固として行う決定を下したのである、と。

だが、そもそも本当に「反革命勢力」の活動は活発化していたのか、共和国成立後約一年が経過したこの時期に到ってもなお「反革命勢力」はそれほど強大であったのか、という出発点をあらためて問いなおすべきではないだろうか。また、仮に公式見解が主張するように「反革命勢力」が強大で活発化していたとして、その鎮圧方法にはいくつかの選択肢があったはずである。なぜ大衆運動方式が採用されたのかという経緯、そして大衆動員が社会に与えた影響を検討する必要がある。それらを検討すれば、「反鎮」が政権交代期にしばしば見られる単なる治安回復活動ではないことがわかるであろう。つまり、内戦の延長線にある「剿匪」（残党勢力の掃討）と五〇年末から本格化する「反鎮」運動とは、類似点や関連性は当然であるが、両者は一直線につながってはおらず、その相違点にも注意すべきである。こうした問題関心から、本節では、まず「剿匪」について、つぎに都市での「反鎮」運動について検討していく。

（一）広西の「剿匪」

朝鮮戦争参戦前後の時期、まず「剿匪」に重点がおかれた。『建国以来毛沢東文稿』所収の文献のうち、五〇年一一月から翌年二月頃まで、「剿匪」に関するものが多数をしめているが、それらから毛沢東が、とりわけ広西・広東・福建の「剿匪」を重視していたことがわかる。

例えば、一一月一七日「華東軍区の指導を強化し、剿匪工作をきちんと行うことに関する電報」では、米軍と国民党軍の上陸に備え、とくに福建の「剿匪」を早急に行うよう指示している。[1]同時に福建は、「剿匪」の進展が遅いと非難され、広西もまた「剿匪」が不十分であるとして、毛沢東からしきりに督促をうけていた。[2]ここでは、比較的詳細な史料が得られた広西省三江県（当時）の「剿匪」に焦点をあて、できるかぎりその実態に迫りたい。[3]

三江は広西省の北端、湖南省・貴州省と隣接する、いわゆる「三省交界地」である。山が険しく交通が不便で、元来統治がおよびにくい地域であった。現在は三江侗族自治県となっている。

四九年一一月、人民解放軍が三江を「解放」した。だが部隊の主要任務は、南に敗走する国民党軍を追撃することにあったため、同地には少数の部隊を残し、主力軍はさらに南下していった。この軍事力のすきをついて「匪乱」が発生する。五〇年初め、もと国民党県党部書記や県参議長、国民大会代表などの三六名が「徹底反共」を誓い、義兄弟の契りをかわして決起した。二月、県人民独立支隊の第三大隊でも反乱がおき、一〇〇名余りが「匪」側についた。さらに三月中旬、もと国民党将校であった伍英が三〇〇名余りを結集して三抗軍（抗糧・抗税・抗軍を掲げた武装団体）を組織した。「匪」側の武装指導者となる伍英は、没落地主出身で、四六年から匪賊行為を行っていたが、内戦末期に国民党から解放軍の南下を阻止する目的で将校に任命された人物である。四九年一一月、解放軍の捕虜となり、故郷に戻されていた。

さらに、三月下旬、人民独立支隊第二大隊で謀反がおき、一〇〇名余りが「匪」側に投じ、これにより三江の土匪は六〇〇〇人余りとなった。[4]

こうした「匪乱」の発生過程から、「匪」側勢力には、いくつかの系統があったことがわかる。第一に、国民党政権下の支配者層であり、これは国民党県党書記などを中心とした勢力である。第二に、盗賊行為に従事する匪賊（伍英は内戦末期に国民党将校となっているが、その期間は短い）であるが、この系統では、何人もの「頭」が存在するなど内部にグループがいくつもあり一枚岩ではない。第三に、独立支隊や自衛大隊といった地元の自衛組織が、いったんは解放軍に吸収されながら、解放軍主力が去ったのち謀反をおこし「匪」側についたものである。

また「匪乱」がおこる背景には、人民解放軍主力の不在や政権交代期の社会経済秩序の不安定さ、三抗軍がかかげたような人民政府への不満（抗糧・抗税の反乱は各地でみられた）があったと思われる。

五〇年五月、情勢不安から人民政府はいったん三江の県城である古宜から撤退し、同県南端にある丹洲への避難をよぎなくされた。その三日後、伍英らは県城を占拠し、ここに県政府を樹立する。こうした事態に対し、九月、省委員会は「冬季剿匪」の指示を発出し、同省の中心工作は「剿匪」であり、これを単に軍事部門におしつけるのでなく、指導を強め、重点的に展開しなければならないと述べた[5]。一〇月には、湖南省の中心地域で展開していた「剿匪」作戦が終結し、兵力を辺境地区へまわす余裕もできた。三江における「剿匪」の環境が整いつつあった。

こうした時期に、中央の「反鎮」厳罰化の指示が地方へ伝達されてきたのである。一一月半ば、地方委員会は各県書記会議を召集し、鎮圧における「寛大きわまりなし」の傾向を指摘し、その是正をもとめた[6]。さらに、一一月一四日、毛沢東は「広西の匪患を粛清し、広東の兵力を増強することに関する電報」を中南局および華南分局の指導者や広西軍区指導者におくり、広西での「剿匪」を六カ月以内におわらせることを希望し、また同時に、「広西の剿匪工作は全国のなかでもっとも遅れているが、その原因は指導方法に欠点があったためである」と指摘し[7]、指導強化の督促を行っている。これをうけて、一一月二三日、中南局は、「剿匪」をすべてに優先する主要任務と位置付け、翌年五月一日までに「剿匪」を完了するという内容の決定を発出した[8]。

一方、三江の武装勢力は一時千人ほどに膨らんだが、五〇年秋頃から「剿匪」が進展し、年末には九〇〇人ほどに減少し、「匪賊」の支配地域は、古宜を中心とする同県の北部地域に縮小していた。ただし、周辺地区での「剿匪」が進むにしたがい、三江に逃げ込んでくる「匪賊」もあり、三江は「匪賊」の最後の砦となっていった。そうした近隣の「匪」組織の人員、「匪」側政権の人員・職員をあわせると、五一年初めの「匪」側総数は四、八〇〇名余りであったという[9]。

三江を含む柳北地区の「重点剿匪」は、三月半ばより開始され、「剿匪」部隊は、三江の南にある融県南部から徐々に北進していった。四月中旬、最後に残された三江県での「重点剿匪」のため、近隣の部隊が結集し始める。桂林軍分区の二団は古宜の東に位置する斗江から、湖南省会同軍分区の二団は県北部から、柳州軍分区の四三六団と四三八団は南から古宜へ進攻した。こうして「匪」勢力は、東・北・南の三方から大軍に攻めこまれることになった。中心地である古宜での戦闘は、四月一五日午前六時に始まり、わずか三時間余りで終結した。近隣地区でも同時に戦闘が始まり、この二日間で八〇〇人余りの勢力が撃滅されたという(10)。

最終的に四月一五日から五月二〇日までの一カ月余りで、政府側は武装「土匪」一、五〇〇名、「股匪」や職員などをあわせて四、八〇〇名余りを撃滅し、内訳は銃殺（戦闘による死亡と推測される）一三六人、捕虜となったもの二、七三三人、投降者一、九三六人となっている(11)。

政府側の犠牲は、死傷者一七三（うち死者一四一）人(12)というが、これは「匪乱」および「剿匪」期間全体における数字で、「重点剿匪」時期だけのものではない。なかでも部隊の犠牲者は七四名にすぎず、犠牲者名簿には、「重点剿匪」があった五一年四月の犠牲者はあまり記載されていない。対照的に犠牲者が多いのは、五〇年五月、政権が古宜から一時撤退する際に襲撃を受けたときのものと五〇年一二月の戦闘におけるものである(13)。

戦闘時間の短さや投降者の多さ、政府側犠牲者の少なさなどから、古宜での戦闘はそれほど激烈なものではなかったようにみえる。圧倒的に優勢な政府軍の前で「匪」側はあっけなく壊滅し、逃走するほかなかったのであろう。

その後、逃走者に対する残党狩りや武器の押収が徹底的に行われた。七月一〇日までに九八%を粛清せよ、という指示が出され、県委は「匪賊掃討治安委員会」を成立させ、その任務を完了させた。残党狩りのなかで、主要な「匪賊」メンバーは全て逮捕され、逃走者三一名を残すのみとなった。九月一五日までの処分状況をみると、死刑八人、死刑だが二年延期二人、無期懲役三人、懲役一〇～一五年六四人、五～九年二〇九人、一～四年六〇九人、釈放七四九人、病死一一人、原籍へ移管七三人となっている(14)。釈放が最も多く、懲役でも四年以下が大半をしめるなど、処分が比較的軽かったことがみてとれる。一部の武装勢力をのぞき、「匪」側に付き従ったもののほとんどが、「匪」というよりは一般の民衆であったことを窺わせる。ただし指導者については、厳しい処分が行われ、ほとんどのリーダーが公開処刑となった。九月八日、県政府は伍英ら三人に対する大衆集会をひらき、被害者に告発させたのち、死刑判決を下すと、ただちに公開銃殺を行った。

このように大衆集会を開き、そこで「反革命分子」に対する告発を行い、死刑を決定・執行することは、つぎにみる、都市における「反鎮」運動と同様、政権への求心力を高める作用を果たしたであろう。とはいえ、五〇年末以降、都市部で摘発された「反革命分子」には、その時点で上述の「匪」のような明らかな政権への抵抗行為があったわけではなく、その存在形態はかなり異なっていた。つぎに、都市での「反鎮」について、北京市を例にみていく。

（二）北京の「反革命鎮圧」

①五〇年初めの認識

四九年一月三一日、北京（当時は北平）は「和平解放（無血開城）」された。その一年後、北京市長聶栄臻は北京「解放」一周年を記念した演説放送を行い、一年来の治安工作は、とくに成果があり、隠れた「特務分子」は基本的に打ち砕かれたという認識を示した。このとき「特務分子」に対して、逮捕尋問・集中改造・登録自首（「反動的」党や組織に所属していたものが自ら登録を行うこと）の三種の方法がとられたことを明らかにしている。さらに同年七月の政務院・最高人民法院の指示をうけ、広く提唱される「鎮圧と寛大を結合した」方針が、この演説の中ですでに言及されている点も注目できる。[15]

同じ頃、彭真は北京市党代表会議で次のように報告している。「反革命の勢力を消滅させることは大きな問題」であり、とくに平和的に接収管理（接管）された北京では「反動軍隊」が多く、これをどう処理するか懸念があった。しかし「現在では心配はいらなくなった。反動軍隊はすでに完全に解放軍のなかに吸収され完全解決した」。「敵の地下組織はすでに我々によって打ち砕かれた」(16)。

このように、五〇年初めの時点で、中共指導部は、平和接管後の政権交代が比較的順調に行われ、国民党軍や「特務」などの地下組織もほぼ完全に打破できたと認識していたのである。このような認識はただ単に内戦勝利による「楽観的」見通しの産物ではなかった。北京は党や政府の重要人物が居住する都市であるため、危険な火種を残さぬよう治安工作は念入りに行った、と彭真は同時に述べている。

「特務分子」や「反革命勢力」の問題は、基本的に解決したという認識から、五〇年四月以降、治安工作の中心は、「摟包」や「猴車」(17)といった犯罪組織および一貫道・九宮道といった宗教組織の摘発とそれら組織の重要分子の逮捕・処罰へ移っていったようである。こうした治安工作強化の結果、北京市の治安は劇的に改善されていった。八月の報告によれば、五月に二三件発生した強盗事件が、六月には一五件（市内一・郊外一四）、七月には九件に減少している(18)。一〇月におきた強盗事件はわずか三件であった(19)。事件の解決率も高く、ほぼすべての事件が迅速に解決され、未解決のものはごく少数であったという。

このように治安が急速によくなる状況下で、北京は太平である、という認識が、公安責任者にも一般市民にも広がっていった。こうした認識に見直しをせまり、「反鎮」工作をふたたび重要課題へおしあげた契機が「双十指示」であった。

②「双十指示」：「右傾」の是正

中共中央が五〇年一〇月一〇日に発出した「反革命活動を鎮圧することに関する指示」（「双十指示」）は、鎮圧と寛大を結合させる政策が、一方的に寛大にすることと誤解され、深刻な右の偏向が発生していると指摘した。そしてこの「右傾」を克服するために、殺すべきものには死刑判決をくだし、監禁・改造するべきものは逮捕監禁すべきである、と処分の厳罰化を求め、さらに処分情況を新聞紙上に掲載するなどして広く宣伝教育を行うよう指示している。[20]「双十指示」以前の処理方法は、前に述べたように「逮捕・改造・登録」の三種であり、処刑は一部で行われていたようであるが、大々的に行われることはなかった。「解放」から「双十指示」までに執行された処刑数は、明らかになっていないが、それほど大量ではなく、重要な政治犯であってもほとんどが再教育（集中訓練）に送られたようである。ところが、「双十指示」以後、「殺・関・管」（処刑・監禁・監視）の三種が採用されることになる。政府は、鎮圧と寛大を結合させた従来の方針自体を否定せず、その解釈・運用に偏向があったと説明しているが、現実にはそれまでの方針を明らかに転換させていたのである。以後、寛大とは、小さな問題があっても「反革命分子」摘発に功績をあげた場合に適用されることになり、内部告発や密告が奨励された。

「双十指示」から六日後の一〇月一六日から第二次公安会議が開催された。公安局の責任者三六名が集められ、「双十指示」が伝達されるとともに、中央の指導者から直接、具体的な指示が与えられた。同会議において、朝鮮戦争勃発以後、「反革命分子」の活動が活発化している、[21]という認識が示され、以後ひろく浸透していくのであるが、これがまさしく中国が参戦する時期に出されたということは、何を意味するのであろうか。朝鮮戦争が勃発してからすでに四カ月が経過していたが、その間にこうした認識が示されたことはなかった。先にも述べたように都市での治安は非常に安定していたし、公安の報告でも治安改善の成果が強調されていたのである。「双十指示」以後の五〇年末においてもなお、公安当局の報告は「社会秩序は日毎に固まり、スパイの活動は発見されるもののまだ深刻な損失は生じていない」と述べている。[22]一方で前に見たように、辺境地区における「匪乱」が発生したのは、戦争勃発前のことであり、そうした「匪賊」の活動も「剿匪」の進展により、その活動地域は狭まり、鎮圧されつつあった。要するに、朝鮮戦争勃発後「反革命分子」の活動が活発化した、という説明は、中共中央の認識が変化したことを示すものであって、現実の情況を反映していたとは考えにくいのである。しかしながら、先の「双十指示」は、各中央局には一一月一〇日までに、各中央局所属の分局や省委・市委などには一一月二〇日までに、「反鎮」活動の情況と工作計画を報告するよう義務づけた。地方の指導者たちは、現実はどうであれ、中央の認識と方針の転換にしたがい、すみやかに行動することが求められたのである。

それでは、「双十指示」で「右傾」と批判された現象は、具体的にはどういうことを指していたのであろうか。ここでは、「反革命分子」に対する「右傾」判決の例を手掛かりに考察してみたい。

一一月五日、『人民日報』は、ある「反革命分子」に対し、河北省通県の裁判所が、間違った判決を下した、という記事を掲載した。[23]最高人民法院がこの「間違い」を糾したのは、二カ月以上も前の八月一四日のことであったが、「右傾」克服の題材として、この時期に報道されたのであろう。問題になった案件の被告人は、李伯仁といい、一九四二年に北京警官学校を卒業後、日本傀儡政権下で警察局に勤務した人物である。警察局勤務時に共産党の工作員を逮捕・殺害したことがあり、戦後は地元の薊県において国民政府の司法股長や聯席法廷主席法官などの職を歴任し、その間に共産党幹部や人民を拷問にかけたり、虐殺したりしたという。四九年四月、北京に逃亡していたところを公安に逮捕された。五〇年二月に出された薊県での第一審判決は死刑であったが、李はこれを不服として、通県専区分院に上訴した。二審において李は「偽職」時期の行動は脅されて従ったものであり、工作員を助けるなど善行も行ったとして、寛大な処理を求めた。その結果、分院は「罪悪行為はすべて職務上の犯罪」であり、「犯罪の決定権は偽県長・偽軍官の手」に握られていたとみなして懲役一五年という判決を下した。これを不服とした薊県公安局が、最高人民法院に上訴した。最高法院は、「反革命」の職務と「反革命」の犯罪とは矛盾するものではなく、「職務上の犯罪」というのは間違った認識であるとして、二審判決を取り消し、一審通りの死刑判決を下した。

この一連の経過から、当時の政治情勢を背景とする「反革命」案件に対する司法の揺れがみえてくる。五〇年初めの一審のときには、厳格な判決が出されていたが、二審の頃には、中央が提唱した「寛大と結合させる」方針が行き渡り、量刑が軽くなる傾向があったと思われる。それが八月の最高法院で覆されたということは、すでにこの頃から「寛大すぎる」判決が問題視されていたことを窺わせる。もうひとつこの案件から見えてくるのは、当時、「反革命分子」と認定されたものに、李のように傀儡政権あるいは国民政府のもとで職責として共産党工作員を逮捕したり、尋問したりした人物が多く含まれていたことを示唆している点である。寛大な措置が強調された時期には、こうした人物は「職務上の犯罪」として極刑を免れたが、「双十指示」後は、それがたとえ職務であったとしても犯罪行為に違いないとして厳罰が下されることになったのである。

ところで、「双十指示」にもとづき、各地は中央の意向に沿った報告を行わなければならなかった。まずお膝元の北京市委から報告があがった。[24] 北京市委は「解放」以来の鎮圧工作を振り返り、大きな偏向はなかったが、次のような欠点があったと述べている。①激しさが足りず、殺すべきものを殺していない。②会道門（迷信団体や秘密結社）への取締が不徹底である。③外国の「反革命分子」に対してはほとんど行っていない。④宣伝工作が少なすぎ、またそのやり方がよくない。

そして、今後重点を反動党団特務事件の整理、外国スパイ特務と反動会道門の三方面におくとした。報告はまた、欠点の①について、単純に多く殺すことを強調はしないが、現在拘留している犯人の中から、まず四五人を処刑すべきであるとしている。この報告では「解放」以来約二年間の処刑数を一〇五人（うち北京で九四人、原籍に移管して執行したものが一一人）としている。報告が主張する四五人の死刑というのは、この二年間の執行数の約半分にあたる数である。「双十指示」の求めた厳罰化が、死刑執行の増加に直結したことを如実に示している。実際に北京市では、この後しばらく、一カ月に約百人というペースで死刑が執行されることになる。

欠点の③についての詳細は、不明である。④の宣伝工作については、「双十指示」においても強調されていた点であり、五〇年末から五一年初頭にかけて「反革命分子」が行ったとされる罪状や、その鎮圧過程が詳細に新聞その他で報道されることになった。

次に②であげられていた反動会道門のひとつであり、北京市最大の反動組織といわれた「一貫道」に対する取締過程をみていく。(25) 一貫道は儒教や道教、仏教などを混ぜ合わせた教義をもち、占いなどを行う迷信的宗教団体であった。それが反動的みなされ、弾圧されたのは、おもに日中戦争時期における対日協力と内戦期の国民政府とのつながりのためである。一貫道はよく組織された団体ではなかったが、社会各層に幅広い信徒がいた。北京市には当時、十万人を超える信徒がいたといわれている。四九年一月、華北人民政府がこれを非合法組織であると宣言し、取締を命じたというが、このときにはさほど厳格ではなかったようである。五一年三月の公安局の報告によれば、一貫道の信徒は、一般社会各層だけでなく、共産党内や青年団・政府・大衆団体、さらには公安局内部にすら存在していたのである。(26)「解放」直後から、後にみられるような厳格な取締を実施していたのであれば、取締当局の公安局内部に信徒は存在できなかったであろう。

北京市における一貫道の取締はつぎのような段取りで行われた。まず事前に綿密な調査と計画が策定され、五〇年一二月一八日の夜にほとんどの主要分子を一網打尽にした。翌日、逮捕命令を新聞に掲載し、また幹部が各地で大衆に報告や宣伝を行い、信徒に対しては退会をよびかけた。その後、中山公園で一貫道の罪状を裏付ける証拠品を展示したり、一貫道がどのように人々を騙したかということを示すデモンストレーションが演じられたりした。この展覧会の観客は二六万人以上にのぼったという。一貫道の主要分子として逮捕されたのは、当初の計画一〇〇人足らずを大きく上回り、四〇〇人近くにのぼった。そのうち四〇人以上が逮捕後まもなく処刑されている。登録監視対象者も計画の一、五〇〇人程度から六千人以上に膨れ上がった。退会をよびかけられた大多数の一般信徒は、取締開始後、ただちに退会を声明し、その数は一七万人以上にのぼった。[27] こうした経過をみていくと、いくら事前に綿密な計画があったとしても、あまりにたやすく「一網打尽」となっていることや、鎮圧が社会に与えた影響はなかったといわれていること、瞬く間に退会者が十万人以上にのぼったことなどから、そもそも一貫道の組織がそれほど強固なものでなく、信徒の信仰心もそれほどのものでなかったことが窺われる。[28] なかには一部迷信深い信徒もいたというが、そうした信者でさえ、経済的利益がからむとその態度は一変した。道首と信徒との関係を断ち切るのに最も有効な手段は、政府が主導した信徒による道首への金品返還要求であった。[29] 当初は「ばちがあたる」と躊躇していた信徒も、周囲の人間が金品を返還されると、早く返還を受けなければ自分の取り分がなくなると焦り、先を争って返還要求を行うようになった。

③政治局拡大会議以後：「大張旗鼓」方式の採用

これまでみてきたように、「双十指示」以降、「反革命分子」に対する政府の姿勢は、「寛大」方針から一転して厳格化した。だが、五〇年末から五一年二月にかけては、まだ本格的な大衆運動の発動はみられない。この時期に行われていたのは、以前に逮捕したり、判決を下した「反革命分子」に対する処分の見直し、処刑数の増加にみられるような処分の厳罰化、一貫道など会道門への取締強化であった。これらは主に司法や公安が主体となって行うことであり、大衆はそうした事件の顛末や処分の結果を新聞や集会などを通じて宣伝・教育される対象にすぎなかった。こうした情況に変化が生じてくるのは、二月半ばの政治局拡大会議以降、とくに中共中央が大都市において「真剣に厳格に大規模に」「反鎮」を実行するよう指示を発してからである。

政治局拡大会議の決議要点では、「反鎮」に関する第一点として、「死刑判決は一般に大衆を経て、民主人士に関与させねばならない」とあげている。この記述だけでは、具体的にどういうことを求めているのかはっきりしない。そこで、北京市でこの指示がどのように具体化されていったかをみていく。

二月二二日の北京市委の報告は、死刑にすべき犯罪者を約一、三〇〇名（すでに処刑された者とあわせると一、五〇〇名）とし、三月一五日以前に第一期として三五〇名、三月末から四月半ばに七五〇名を処刑する計画を述べている。[30]毛沢東は、この北京市委の報告を各都市の模範になると考え、各地に転送しているが、その際、北京の計画のなかでとりわけ高く評価しているのは、処刑当日に人民代表会議などを開くという方法であり、代表会議で「反革命」の情況を報告し、みなの「反革命」に対する恨みを強め、その後に刑を執行する、という点であった。[31]毛沢東は、このように「反鎮」のために人民代表会議などを開催することは完全に必要であり、各地がそうすべきである、とコメントをつけている。

こうして二月下旬、北京で第三届第一次各界人民代表会議が開かれた。この会議の詳細は不明であるが、三月一八日の北京市委報告からおおよその内容が推測できる。同報告では、二月から現在までに八一名を処刑したが、一度に五八名を処刑した際、各界の人民はあまねく支持し「これらの人間はとっくに殺されるべきであった」、「殺すのが少ない、もっと殺すべき」という意見があったと述べ、また、ある刑場での処刑には四万人もの観衆が集まり、「銃殺では甘すぎる。石を投げたり、刀で切り刻んで殺すべきだ」という意見が出たことが紹介されている。代表会議では、死刑に同意する意見があいつぎ、これを受け即刻死刑が執行されたものと思われる。会議の雰囲気はかなり過激なものであったことがわかる。

この北京市委報告を受けた毛沢東は、「工作の善し悪しは大衆の反応を以て判断すべき」であり、報告が述べるように大衆は、熱烈に支持しているのだから、まだ大規模に「反鎮」を行っていない「臆病な同志」は奮い立たせねばならないと述べている[32]。

北京市でつぎに多数の処刑が行われたのは、三月二五日であった。この時には一九九人が処刑されている。この処刑についての報告は「『大張旗鼓』で（鳴り物入りで）反革命犯を処刑することに関する意見と経験」と題されている[33]。その後『人民日報』でも「反革命の鎮圧は必ず『大張旗鼓』で行わなければならない」との社説（四月三日）が発表されており、この時期の大衆運動を理解するのに「大張旗鼓」方式というのがひとつのキーワードになっていると思われる。それでは、「大張旗鼓」とはどのようなことを指し、それ以前のやり方とどこが違うのであろうか。

四月二八日の『人民日報』社説「反革命鎮圧は必ず『大張旗鼓』で行わなければならないことを再び論ず」では、「大張旗鼓」をつぎのように説明している。各級各界の人民代表会議と協商委員会拡大会を召集し、「反鎮」の政策と実施方針を討論し、「反革命」の罪悪を暴露し、各種の思想的疑念・懸念を晴らし、そうすることで各階層の人民を動員して断固とした「反革命鎮圧」に有利とすることである、と。広範な人民を集めた会議とそこでの討論が重要視されていることがわかる。具体的に北京市で開かれた会議についてみてみたい。

三月一五日に開かれた北京市協商委員会拡大会議には、協商委員のほかに政府委員および政府各局の責任幹部・各区協商委員主席・民主党派や商工業界の代表など計一八〇人が参加した。まず、北京市委が「反革命分子」の活動について報告した。この報告では犯罪を列挙すると同時に、典型的犯罪について集中的に述べることで「有無をいわせぬ説得力があり」、代表たちは「反革命分子」に対する憎しみを沸き立たせたという。その後、委員や代表たちはつぎつぎと発言し、午後二時から夜一〇時まで続いた討論（途中一時間だけ休憩）は非常に活発であったという。北京市委はこの会議が大成功をおさめ、とくに「殺人問題」（処刑問題）について支持が得られたと述べている。[34]

二四日には五千人規模の大集会（各界代表拡大聯席会）が中山公園で開かれた。この日、一九九人の「反革命分子」はひとりひとり会場に連行され、被害者による告発をうけた。このときの様子を翌日の『人民日報』が詳細に報道している。[35]ある労働者は、四九年三月に王という「特務」とその息子に家に押し入られ、自転車・腕時計・指輪・衣服を奪われた時のことを訴えた。彼は自分の被害を訴えた後に、王のような極悪の「反革命分子」を人民政府は必ず厳罰に処さなければならず、そうしてこそ、私と以前河北省で彼に殺害された四〇〇名以上の同胞の仇をうつことができる、と主張した。この訴えのうち、前半は被害者自身の体験であり、事実に基づくものと思われるが、後半部分の河北省での殺害については被害者が体験したものではなく、おそらくは伝聞であろう。後半部分の信憑性は定かではないが、前半の強盗罪だけでなく、人民を多数殺害した、という罪状が加わることで王は凶悪な「反革命分子」とみなされ、死刑に値すると判断されたのである。

またある農民は、日本占領時期に史という「特務ボス」に偽貨幣と交換して黄金をまきあげられたこと、抗戦期の土地改革で土地を得たが、その後国民党側が復活して史や地主たちに拷問をうけたことを訴えた。また、北京師範大学のある教授は、内戦期に国民党特務によって行われた学生運動に対する「血の弾圧」の情況と、その後彼自身が民主同盟との関係を疑われ、特務によってひどい拷問をうけた時のことを訴えている。

このような被害者の訴えの合間には「血の負債は血で償え！」、「被害者人民のために復讐を！」といった声が列席した五千人からあがった。こうした告発は四、五時間におよび、その後、彭真市長の講話があった。彭真が会場の代表たちに、「反革命分子」たちを「我々はどのようにすべきか」と問いかけると、「銃殺！」と全員が答え、それに彭真が「みんなの意見は正しい、銃殺すべきである」と言うと拍手がわき上がった。「彼らに寛大にすべきか」と問うと、「だめだ！」とみなが答えた。その後、被告全員に死刑判決がくだされ、翌日執行された。これが、北京市での第一次大規模処刑である。

大会における被害者の告発は、事実に誇張があったり、伝聞が含まれていたりと問題をはらむものであるが、その一方で、非常に具体的で描写が生き生きとしており、会場の聴衆が「反革命分子」への憎しみを共有することを促した。五千人もの人間が「銃殺！」と叫ぶなど、会場はある種異様な興奮状態であったといえる。また人民自身が死刑を望み、それが政府によって叶えられたという虚構が演出されていることにも注目したい。人民自身の希望でなされた処刑に不満が出るはずもなかった。翌日、刑場で「反革命分子」が銃殺され、ばたばたと倒れた時には、大衆から熱烈な拍手がおきたという。

ついで、北京における第二次大規模処刑が五月に行われた。第一次のときには、協商委員会、各界代表拡大聯席会、その後、各地での大衆集会という、「上から下」へという流れで会議が開催されたが、このときには、逆に「下から上」へと行われた[36]。つまり、まず各地での大衆集会を開催し、下からの大衆的な「反鎮」の気運を高めたのである。それから、市委による処分草案の起草、民主党派や商工業界代表などによる会議開催・審査という流れであった。五月一八日の協商委員会拡大会議で第二期処刑対象の二二一名について審査・討論が行われた[37]。同会議では、四月末に出された「死刑執行猶予二年」（死刑判決が下された犯人を労働改造におくり、二年後、労働による教育効果をみて死刑を執行するかどうか判断する）の方針について、まず彭真が説明を行った。その後、討論にはいると、前回と同様に積極的意見が出され、みなが厳罰を主張した。草案では死刑猶予二年に区分されていた五九名のうち一二名について、執行延期は軽すぎ、即執行すべきであるとして、次回での処理を決定している。この会議には著名な知識人も多数出席していたが、全員がこうした政府による処刑に対し賛同を示した。たとえば清華大学教授の費孝通は「政府の精神は一に間違った処刑を望まない、二にひとりでも余分には処刑しない、三にひとりでも無駄には処刑しない」ことである。「ひとりを殺すことで多数の人間がふたたび罪を犯さないように助けることができる」と処刑による教育的意義を述べた[38]。末端の大衆による「反革命分子」に対する告発は、具体的かつ激烈なものであり、その告発に立ち会った者は、知識人といえども賛同せざるをえなかったのであろう。そして死刑判決に自らが関与した知識人や商工業界の人士は、それを正当化して捉え、ますます「反鎮」を熱烈に支持していくほかなかった。政治局拡大会議の「死刑判決は一般に大衆を経て、民主人士に関与させねばならない」という含意はそこにあったと思われる。

こうして「大張旗鼓」方式以前に知識人や商工業界の一部にみられた、「冤罪はないのか」といった疑念や「処刑は『仁慈』にもとる」とする感情は、徐々に払拭されていった。「反革命分子」に対して同情的な発言をひとたび口にすれば、周囲からすぐに反駁されるムードが生まれ、多く処刑すればするほど、かえって「反鎮」への支持が高まっていくという情況がつくりだされていったのである[39]。

北京が先頭を切って「大張旗鼓」方式を採用し、各都市に範を示したのであるが、北京以外の都市でも、同様の大規模集会がつぎつぎと開かれ、「反革命分子」の大量処刑が行われた[40]。そこで生じていた事態は、おそらく北京と同様であったであろう。

(三)「剿匪」と「反鎮」

以上、みてきたように「剿匪」と都市における「反鎮」は、広い意味での「反鎮」運動に含まれるものであったが、若干異なる様相を呈し、また戦争からうける影響の程度も異なっていた。「剿匪」は、まさしく内戦の残務処理であり、「匪」側も武装勢力であれば当然、軍事的鎮圧が主体であった。本章でみた広西省三江県のような地域は、境界地帯にあり、交通が不便で、従来から治安の悪い地域であった。共産党は大軍を出動させ、軍事的勝利をおさめるだけでなく、その後政治的工作をくみあわせることで、政権の支配を行き渡らせていった。こうした「剿匪」活動は、徐々に展開される予定ではあったが、朝鮮戦争勃発と中国の参戦という国際環境の変化、それに指導部の危機感が増大する中で進行が早められた。

都市における「反鎮」は、「双十指示」以前にはほとんど問題になっていなかったように思われる。公安工作の進展により、政権樹立前後の混乱は急速に収拾し、ようやく「太平」を享受できるかのようにみえた。ところが「双十指示」以降、「反革命分子」に対する処分の見直し、一貫道の取締り強化という形で着手されていく。以前の「寛大きわまりない」状態から厳格化への転換を促すような大事件など客観的事実は確認できない。辺境の「匪」とは異なり、都市部の「反革命分子」は、個人の過去をほじくり出すことで現れる潜在的な「敵」でしかなかった。しかし、中共中央は朝鮮戦争勃発後、「反革命分子」による破壊活動が活発化しており徹底的鎮圧が必要である、という論理で厳罰化を正当化し指示した。とくに五一年二月末以降、「大張旗鼓」方式が採用され、推進されていくと、民主党派の知識人から末端の民衆にいたるまでが、「反革命分子」の犯罪を告発し、その処分決定に直接関与していくことになった。こうした「大いに逮捕し、大いに殺す」段階は五月末でいったん終結したが、つぎに「反鎮」の矛先は、政府機関内や党内のいわゆる「中層」・「内層」に隠れる「反革命分子」にむけられていった。その企業における形態が、次節で扱う「民主改革」である。

第二節　「民主改革」運動

（一）「外層」から「中層」・「内層」へ

「反革命鎮圧」工作を「外層（一般社会）」・「中層（軍や政府機関）」・「内層（共産党内）」の三方面にわけ、「中層」・「内層」にひそむ「反革命分子」への注意をよびかけたのは、五一年二月の政治局拡大会議が最初であったが、その一〇日ほど前に華北局の報告が、この問題をすでに指摘していた。報告は「我々の隊伍を整頓するために、革命と反革命をはっきり区別し、留用人員と新知識人に対して経歴・立場・工作を調べる調査（三査）をひろく行う必要が十分にある」ことを指摘し、まず北京・天津と各省の省都などで試行し経験をつむことを提起している。この報告に対し中央は許可を与えると同時に華北局以外の中央局や分局に転送し、華北局で留用人員や知識人の問題を整風方式で審査することを知らせた。ただ、他の地区ではまだ時期尚早である、注意し始めるように、とだけ指示している。(41)またこのとき、中央は湖北公安庁の報告をとりあげて、この問題の深刻さを強調している。そこで明らかにされている同省省級機関における逮捕者（「匪特」・「地主ボス」・窃盗犯・「反動党派」として逮捕）一六〇名の比率は、省委が二二％、省政府が七四％、中原大学が三％、軍区が一％を占めていた。「反鎮」運動が朝鮮戦争後の「反革命」活動の活発化をその根拠としながら、実際には、そうした活動をほとんど摘発することができず、抗日期や内戦期といった過去のことに罪状を求めなければならなかったことは、前述の通りである。省政府における逮捕者の比率が高いのは、国民政府の政府関係者の多くが人民政府に留用された結果であり、こうした留用人員の過去を探れば、旧政権の一員として反共的行為の事実などはいくらでも出てくるのである。このように「中層」では、国民政府からの留用人員と新たに吸収した知識人が問題視されたが、一方「内層」では「解放」前後に急増した新たな党員がその純潔さを疑われることになる。

しかし、五一年二月段階では、まだ「外層」の「反鎮」工作に重点があり、「中層」・「内層」にまで手が回っていなかった。華北で先行して行われたのは、一部でまず試行して経験をつみ、その後全国に拡大するというよく使われる手法でもあるし、また北京や天津の重要性を考慮したからでもあろう。

三月半ばには、西南軍政委員会直属の財経交通部門で行われた留用人員に対する「反鎮」工作についての報告が、毛沢東によって全国の市委レベルにまで紹介されているが、こうした工作は「やるべきであるし、またやることができる」と毛はコメントをつけた。毛沢東が「完全な経験」とよぶ西南の「反鎮」では、留用人員と新知識人九千人余りのうち三・九%にあたる三五〇人余りが逮捕や監視などの処分をうけ（逮捕七〇余、監視七〇余、管理訓練一九〇余、除名八）、六四%にあたる五、七〇〇人余りが国民党および反動会道門分子として登録された。毛沢東は西南以外の各地にも同様の「反鎮」を求めた。(42)

このように、五一年三月以降、「外層」の反鎮が「大張旗鼓」方式で大々的に激しく行われている水面下で、「中層」の「反鎮」が計画され、一部で実施されていたのである。ただし、この時点ではまだ整風方式であり、大々的な大衆運動方式ではなかった点に注意したい。

「内層」つまり党内の「反革命分子」摘発も「中層」にやや遅れて始められた。党内の「反革命分子」に対する危機感を、さらに強める契機となった事件が「黄祖炎刺殺事件」である。これは、三月一三日、「反革命分子」王聚民が山東軍区政治部主任の黄祖炎を刺殺し、犯行後すぐに自殺したという事件であった。王は「悪覇」家庭の出身であるが、四一年に入党した比較的古い党員で、当時山東恵民軍分区政治部宣教科副科長を務めていた。[43] 検察の調査では凶行に到る経過がつぎのように説明されている。王は土地改革で自分の家庭が闘争にかけられた際、間違った議論を公表し、大衆をののしり、土地改革を侮蔑したことがあった。そのときには処分をうけなかったが、五〇年一一月、恵民軍分区に異動した後、大衆に対して「逆清算」（土地改革で没収されたものを取り返そうとすること）をくわだて、大衆から告発をうけた。その告発では、王の父親が行ったとされる悪行のほかに、王自身も三八年に地下党員を密告していたことなどが暴露されていた。王はこの告発を知ると、感情が急変し、軍分区の会議によばれた際に凶行におよんだ。[44]

こうした「黄祖炎事件」の経過からみてとれることは、「外層」での「反鎮」が進展するにしたがい、大衆の記憶が掘り返され、それまでは看過されていた過去の言動が「反革命的」として告発されるようになったことである。あるいは、「反鎮」を進展させるために、新たに記憶しなおされたり、誇張・歪曲されたりすることもあったかもしれない。王の場合も、検察が言うように、土地改革を否定するような発言や行為を、表だって行ったとは考えにくく、陰で不満をもらす程度だったのではないだろうか。結局、王は凶行に及ぶことになるが、当時急増していた「反革命分子」の処刑を目の当たりにし、精神的に追いつめられていたのかもしれない。当時の社会の緊張情況が垣間見える事件と言える。四月一九日、毛沢東はこの事件に関する調査報告を全国の党組や委員に送り「全党全軍でこのような人物がいれば、注意し、すみやかに処理」するよう指示を出した。

だが、この段階では、まだ「外層」の「反鎮」が終了していなかった。「外層」の反鎮が一段落するのは五月末であり、六月から九月の四カ月は、未決案件の整理にあてることになっていた。それと同時に「中層」と「内層」の重点的審査が始まる。

　五月半ばに開催された第三次全国公安会議は、「中層」・「内層」に対して計画的審査を現在から開始することを決定した。その計画とは、まず夏と秋に整風方式で留用人員と新知識人に対する詳しい調査をひろく行い、冬季にさらにすすんだ審査を行うというものであった。(45)この決議に基づき、審査対象や方法を具体的に規定した指示が五月二一日、中共中央から出された。この「『中層』・『内層』問題を清理することに関する指示」では、清理（審査を行い、不純な人物を排除して組織内を純潔にすること）の主要な対象は、各種機関の留用人員と新たに吸収した知識分子であり、攻撃対象は「反革命分子」であると規定している。(46)当初より、攻撃の矛先は留用人員たちにむけられていたのである。こうして「中層」・「内層」の清理が正式に始まった。

　華東軍政委員会は四月五日から「中層」清理に着手し、「反鎮」文献の学習・審査登録・告白運動・審査調停の四段階で進めていった。六月には大衆的な告白運動がひろく展開されたが、「告白分子」（告白すべきことがある人間）に対しては、自発的申し出に基づくという原則をかかげ、自白を強要することを戒めている。(47)「外層」の「反鎮」とは異なり、文献学習を通じて、「告白分子」に罪を自覚させ、自発的に告白させることが求められていたようである。

　こうした政府機関内の動きと同時に、国営企業を中心に、隠れた「反革命分子」を一掃するための「民主改革」運動が行われた。「民主改革」は、その名前からイメージされるような企業の制度や運営を民主化するための改革ではなく、企業内の「中層」・「内層」を清理する運動の一環であった。

（二）「管理の民主化」から「民主改革」へ

　ここで、少し時期を遡り、「民主改革」の前段階にあたる企業（主に国営・公営）における「民主化」の流れを確認しておきたい。

「解放」初期、中共中央は接収にともなう混乱・破壊を最小限にとどめ、生産をすみやかに回復するため、国民政府時代の制度改革や職員の改造についてきわめて慎重な態度をとった。それは生産管理制度のみならず、人事管理制度についても同様で、資本主義の管理制度は不合理な面があるが、合理的な面もある、として単純に否定してしまうことを禁じた。旧職員については教育改造を行い、罪がある者に対してさえ、その人物が企業にとって不可欠な者であれば監視しつつ利用することを主張した。[48] こうして一般に「原封不動」あるいは「原職・原薪・原制度」(「三原」)と呼ばれる政策がとられたのである。ただし新民主主義のもとの人民企業における管理が、国民政府時代のそれと異なるのは、「管理の民主化」という一点にあるとされた。[49]「管理の民主化」とは、民主的な管理方法を通じて、労働者が企業の主人公であるという自覚を高め、労働者の創造性・積極性を発揮させることであるが、その具体的内容は工場管理委員会と職工代表会を成立させ、重要な問題を民主的に討論・解決することであると考えられていた。しかし、実際には「管理の民主化」について現場の幹部は認識不足であり、民主的でない官僚主義・命令主義の作風で管理が行われているという指摘が多くあがった。そこで五〇年二月、中財委は、あらためて「国営・公営工場において工場管理委員会を成立させる指示」を出し、「管理の民主化」を促進しようとした。[50] そして同時に、旧来の制度を改革して統一的・科学的な新たな制度をうちたて、企業管理をうまくやることを要求した。建国から四カ月ほどたち、都市部の秩序がある程度安定していたことが、改革へ着手する背景にあったのであろう。旧制度のなかでも、とくに劣悪で労働者を搾取する制度として考えられていたのは把頭制(労働ボスが労働者を管理する制度)と捜身制(紡織業で行われていた身体検査制度)であり、それらの制度の廃止とそれらに変わって工場を民主的に管理する管理委員会の樹立が進められた。例えば、五〇年三月の煤鉱工会代表会議は、把頭制の廃止を燃料工業部に建議し、[51] 五一年一月の全国綿紡織会議では、紡織工会全国委主席の陳小敏が「捜身制は廃止され」、「絶対多数の工場で管理委員会が成立」した、と報告している。[52] 重工業部もまた五〇年の工作を総括し、直属企業においては、「民主管理を推進し、工場管理委員会が普遍的に成立し」、「旧来の官僚機構をうちこわし、人民の企業へと改革」された、と述べている。[53] このように五〇年二月以降、国営・公営企業においては、「管理の民主化」がある程度進展し、旧企業から人民の企業への改造が進みつつあった。少なくとも、五一年初めの段階では、中共指導者はおおむねそのように認識しており、「管理の民主化」を前提に、五一年には「生産改革」を中心任務として行う計画を立てていた。

ところが、「民主改革」はまだ不徹底である、という認識がしだいに強調されるようになる。二月半ばから三月初めにかけて開催された全国工業会議では、労働者階級に依拠して「民主改革」を行うことがあらためて決定された。[54] 紡織工業部はこの決定に従い、関内の各工場において「民主改革補課」を行う具体的なわりふりを行い、六、七月の原料不足による操業停止時期を利用して大規模な「民主改革」運動を行った。[55] この紡織業における「民主改革」運動については三章ですでに述べたので繰り返さないが、その特徴を約言するならば、「反鎮」運動を梃子とした旧制度の破壊であったといえる。建国前後から目指されていた「管理の民主化」と異なるのは、旧制度の不合理さに焦点をあてた改革ではなく、旧制度を体現する（とみなされた）人物を「反革命分子」として摘発し、その罪悪を暴露することで制度を変えていった点にある。紡織業では六、七月に操業を停止せざるをえない事情があり、こうした大規模な政治運動を行う格好の機会があったため、他業種に先駆けて「民主改革」運動が本格化した。一般的には五一年夏に「外層」の「反鎮」運動が一段落したところで、「民主改革」運動に着手したようである。次に、こうした「民主改革」の全国的な展開情況を概観してみる。

五一年一一月の中南区の報告によれば、同年四、五月に開始された同区の「民主改革」は、一一月には、武漢・広州・河南・湖南・湖北・江西などの省や市で展開し、広東・広西でもいくつかの都市で徐々に進め、従業員一〇〇人以上の大企業については、全区の四割以上の工場・鉱山ですでに完成したか、あるいは進行中となった。

つづいて報告は、今後の方針・任務として「民主改革運動の貫徹」をあげ、次のように説明している。「民主改革は旧企業を改造して新企業とし、旧都市を改造して新都市とするのに飛び越えてはならない歴史段階であると確定すべきである。よって国営・省営・私営を問わず工場・鉱山企業、鉄道、（中略）および大都市の街道（都市部の居住組織）ではかならず計画的に段階的に統率して民主改革を行わなければならず、一九五二年にすべて完成させることを求める。国営企業は来年（五二年）三月末までに完成させなければならない」[56]。

また、同時期の西南区の報告は次のように述べている。同区の国営企業では着手したばかりであり、開始したところでもほとんどが極めて不徹底である。民営企業では、個別の企業をのぞき、一般的に「民主改革」の重要性をまだ認識できておらず、真剣に「民主改革」を行う決心がなされていない。そこで国営企業と重要業種を重点として、真剣に「民主改革」をすすめなければならない[57]。

一方、西北区では、工業部と総工会が連合で「民主改革」に関する指示を出し、九月から大衆を発動した「民主改革」を行った。この西北の「民主改革」運動では、「大衆は、反革命分子と封建残余分子を打倒し、適切な処理を行い、労働者階級の隊伍を純潔化」した[58]、という。「民主改革」が「反鎮の延長戦」としての性格をもっていたことをよく表している。

このように、「民主改革」の進行状況は、地域によって差があったことがわかるが、それでも企業における「民主改革」が、企業を改造するうえで必ず必要な段階であるという認識では一致していた。そして、まず国営企業と重要産業で重点的に行われ、しだいに民営企業やその他の分野に拡大していく段取りとなっていた。五一年一一月には、比較的進展の早かった中南区で、国営の大企業のうち四割で改革がすでに行われているという情況であった。一方、民営でも重要な産業や企業においては、「民主改革」がすでに進められていた。次にこの民営企業における「民主改革」を検討したい。

(三)「民主改革」から「三反」・「五反」へ：民生公司を例に

ここでは、当時民営第一位の汽船会社であった民生公司をとりあげる。同社を考察対象に選ぶのは、「民主改革」が同社の公私合営化に大きな役割を果たしたことと、同社の「民主改革」に関した史料が比較的豊富であるという二点からである。

民生公司は重慶を拠点として長江航路を中心に運行する水運会社であった。創業者である盧作孚の経営才覚と政治力、さらには当時の社会経済環境のなかで同社は一地方企業から全国的企業へと発展をとげた[59]。建国前夜、盧作孚は一時香港に避難していたが、共産党からの誘いをうけ、五〇年六月に帰国する。その帰路、彼はまず北京に赴き、毛沢東・周恩来らと会談を行い、交通部とは数回にわたる公私合営のための協議を行った。この時期の民生は多額の債務をかかえ、非常に苦しい経営状況にあり、政府よりもむしろ民生側が公私合営化を強く望んでいた。北京での協議の結果、「過渡辦法」が作成され、公私合営化までの移行期間に政府所有株の確定や経営改善などを行うことが決められた[60]。当時合営化の前提として、民生が抱える莫大な負債を整理することが重要視されていたようである。政府から公股代表が派遣された九月以降、機構の改革および「民主改革」に手がつけられた[61]。

しかし一年余りが経過した五一年一一月、中財委は民生に関して次のような報告を行っている。民生の「封建的官僚制が強固であり、公股代表の人数が少なすぎるため、該公司は毎月赤字であり、負債はすでに七五〇億元に達し、年末には一千億元に達するであろう。盧作孚らは政府が民生を必要としていること、政府が労働者への賃金不払いをできないということ、借款があってはじめて納税ができるなどと分析し、重荷を政府に背負わせようとし、借金に頼るばかりで改革を行わず、労働者にもどんな困難があるかを説明しない」。そこで中財委は、徹底的な「民主改革」を行う必要性を主張し、改革が徹底するまでは、盧作孚が政府に求めていた借款を実施しないことにした[62]。

このように、政府側の認識では五〇年九月からの一年余りの間、政府代表を派遣して改革を進めようとしたにもかかわらず、経営改善がみられないばかりか、かえって負債が増大してしまった。その原因はもっぱら民生の「封建的」体質や盧作孚らの態度にある、としているのだが、それは妥当であろうか。また、先にみたように五一年夏以降、全国的に「民主改革」運動が本格化していき、それ以前の「管理の民主化」とは、質的に異なる運動が展開されつつあった。こうした全国的動向と同様に、民生公司の改革においても、五一年夏頃を境に改革に質的相違が生じたのではないだろうか。

まず、民生の経営についてみてみよう。実際のところ、本業の輸送量は順調に回復していた。五〇年の輸送量は前年にくらべ、旅客で二七五％、貨物で六八％それぞれ増加しており、貨物は五一年にも一四・八％増加している[63]。ところが輸送量の増加は収益増に結びつかなかった。朝鮮戦争勃発を機にとられた運賃統制政策（「低利多運」政策）の影響をうけたためである。長江航路で運賃値下げが実施される前の五〇年五、六月、民生は約四四・五億元の黒字であった[64]。しかし、七月に約二〇％もの運賃ひき下げが実施されて以降、赤字に転落したようである。運賃引き下げは五一年八月にも行われ（このときの引き下げ幅は一一～一二％）、この他にも五〇年一一月と五一年三月に部分的引き下げが行われた[65]。低運賃を採算ベースにのせるためにはコストを削減しなければならない。当時もっともコストがかかっていたのは人件費であり、冗員の削減は重要課題であったが、共産党政権下、人員を削減できた民営企業はほとんどなかった。人員削減が可能となるのは、公私合営後に政府が積極的に関与してからである。その他コストがかかる要因は各種存在したが、いずれも個々の企業で対応できるものではなかった。過去の負債を抱える一民営企業に、一方では「低利多運」政策をおしつけ、一方で経営改善を迫る政府の態度は、苛酷なものと言わざるを得ない。

次に民生公司における「民主改革」がどのように展開されたかをみていく。

民生の「民主改革」運動が本格化するうえで口火をきったのは、宜昌分公司経理・王光藻の汚職事件であった。王は経理という職権を利用して鋼板の横流しなどで五億元以上の不正所得を得ていたという。これ以前にも王は薬材などの横流しをしているのではないかと嫌疑をかけられたことがあったが、このときの追及は不発に終わった。一〇月中旬、「民主改革」検査のよびかけに応じた再調査の結果、事件が明るみにでた。宜昌分公司では憤慨した労働者たちによって王の闘争大会が開かれた。その後、王は民生から解雇されるとともに、賠償請求を受け人民法院に引き渡された。[66]

重慶分公司では、五一年一二月末までに、王のように検挙されたり、自白した汚職分子が七六人にのぼり、そのうち三五人について汚職事実が明らかにされたという。これらの「汚職犯」に対し、民生は職員・労働者の意見をいれて、解雇や停職・降級などの処分を行った。[67] 一二月末には総管理処（本社）でも告白控訴大会が開催され、職員の公金横領が摘発されている。[68] この頃が民生における運動のピークであった。

こうした「民主改革」運動は、多数の職員・労働者が宣伝や教育を通じて自覚を高め、自発的に参加し大きな盛り上がりをみせた、といわれるが、実際には他の大衆運動と同じく、共産党組織が活発に働きかけを行ってはじめて大衆は動員された。万県での展開はそれをよく示している。万県では、五一年春から「反把頭」闘争が準備され、八月に中共万県市委員会が六五名からなる「民主改革」工作隊を組織し、市全体で運動を展開した。まず宣伝を行い、次に大衆を動員して「訴苦」[69]させ、その対象を闘争にかけるという、土地改革のときにとられた方法と全く同様であった。民生の万県分公司でも九月から運動が開始され、その結果、同分公司では報道されているだけで二一人が違法行為によって摘発された。[70]全職員・労働者が一〇〇名足らずと思われる小さな分公司で、じつに五人に一人の割合で汚職を摘発されたことになる。

民生全体では一二月に盧作孚を主任とする「民主改革」委員会が成立し、表面上は盧作孚ら経営上層部と協調して運動をすすめることになっていた。だが同委員会が成立する以前に、労組や工作隊などを通じて運動はかなり進行していた。同委員会は形式的なものにすぎなかったと言える。改革は資本家を中心として企業自身が行うのではなく、工作隊など外部から動員された大衆によって行われたのである。

こうして汚職摘発を中心とした「民主改革」運動が盛り上がりをみせる中、盧作孚は五二年二月八日に自殺した。[71]盧の自殺の原因について、中国側の研究は触れることはなく、病死と記述するものさえあるが、台湾の盧の知人は「中共の圧迫をうけたため」と記している。[72]民族資本家として高く評価される盧が、その死後追悼会さえ開かれていないところをみると、盧を標的とした闘争が、水面下ではすでに始まっていたと考えるのが自然であろう。盧の死後、民生に関する報道は紙面から消え、「五反」運動関連の報道もまったくみられない。民生は盧作孚によるワンマン経営であったため、彼の死が政府との勢力関係を決定的に変化させたのであろう。盧の死から半年後、民生に一、〇〇〇億元の政府資金が投入され、公股が過半数（五七％）を占めることになった。こうして九月一日、同社は正式に公私合営化された。[73]

以上、民生における「民主改革」運動を概観したが、注目したいのは、民生での「民主改革」運動が、汚職事件の摘発という形式をとって行われた点である。それは、このころ、政府機関・国営企業でも「反汚職」の整風運動が行われていたことと連動していたと思われるが、五〇年夏頃の紡織業における「民主改革」が「反鎮の延長戦」であったのとは性質を異にする。民生の「民主改革」運動は、その内容や展開方法からみて「反鎮」よりも、「五反」運動と酷似していた。こうして五一年夏頃から一部の業種や企業で展開された「民主改革」運動は、全国的規模でより大々的に全業種を巻き込んだ「三反」・「五反」運動に吸収発展していくのである。

「三反」・「五反」運動が発動にいたる過程については、第四節で述べるが、そのまえに、抗米援朝運動の展開をみておきたい。なぜならば、「三反」・「五反」運動は増産節約運動の進展にともない提起されたものであるというのが通説であるが、その増産節約運動は、前線を支援するための増産運動、つまり抗米援朝運動の一部として展開されたからである。

第三節　抗米援朝運動

（一）抗米援朝運動の開始

五〇年六月、朝鮮戦争が勃発すると米国はすぐに台湾海峡に艦隊を派遣し、国連の名の下に戦争への介入を行った。これに対して、中国は米国の行動を「台湾・朝鮮への侵略」であると非難し、国内では「和平保衛」の署名運動を行った。しかしながら、一〇月に中国が参戦するまでは、それ以上の宣伝報道などはさほど行われず、中国の一般庶民にとって、朝鮮での戦争は、遠い世界の出来事のように感じられていた。ところが、一〇月末、中国が参戦することで状況は一変する。一〇月二六日、中国人民保衛世界和平反対米国侵略委員会（略称は中国人民抗米援朝総会、以下、抗米援朝総会とする）が成立し、[74] 以後、同会およびその地方分会・支会（支部）が「抗米援朝・保家衛国」の運動を指揮し展開していった。

運動開始にあたり、まず中国が参戦することへの支持をとりつけるため、時事宣伝が重要視された。政府首脳の間でも参戦を決定するまでに様々な懸念が表明され、また逡巡があったのである。一般庶民も同様であった。参戦以前には、報道や宣伝がほとんどされていなかったため、[75] 参戦決定やそれに伴う宣伝活動を唐突に感じたり、なぜ朝鮮での戦争に中国が参加しなければならないのかという意見、戦争に巻き込まれることを嫌う風潮がひろく存在していた。そのような意見をもつ人々に対して、参戦を正当化し必然化する論理が、運動の名称の後半部分である「保家衛国」であった。一一月四日に出された中共と民主党派の連合宣言は次のように述べている。「アメリカを中心とする帝国主義者の朝鮮侵略行動は、今や中国の安全にたいし、重大な脅威を与えている」。「彼らの陰謀は朝鮮を破壊するに留まらず、朝鮮を併呑し、中国を侵略し、アジアを支配し、全世界を征服しようとしている」。「アメリカ帝国主義者が朝鮮を侵略する目的は、主として朝鮮そのものではなく、日本帝国主義者がむかし実行したように中国を侵略するところにある」。[76]

このように「唇亡べば歯寒し」という自衛的観点から、中国参戦の必要性が説かれたのであるが、それと同時に中国が米国と対等に戦え、なおかつ勝利をおさめる可能性があると人々に認識させねばならなかった。一〇月二六日、中共中央が「時事宣伝に関する指示」を出し、勝利の自信を確立し、「恐米心理」を消滅させるために時事宣伝運動を展開するよう指示しているのはそのためである。[77] 恐米心理とは、米国が世界一の強国であるという意識から米国を恐れる心理のことであるが、その他にも、民主主義国家として崇拝する崇米心理や親米感情が根強く存在しているとして、これらの心理や感情を打ち消し、さらには米国を仇敵視し（仇視）、軽蔑し（鄙視）、軽視（蔑視）させる「三視」

工作が行われた。

政府の宣伝に敏感に反応したのは、愛国的情熱に燃える若い学生たちであった。とくに前線での志願軍の勝利が伝えられると非常な興奮状態となり、街に繰り出してデモ行進を行い、一部では行き過ぎた行為も見られるほどであった。学生を中心として組織された宣伝隊は、各地におもむき時事宣伝活動を精力的に展開した。一方、学生とは対照的に一般大衆はなかなか宣伝を受け入れなかった。そこで各工場や機関などでは、米国の罪状や暗黒面を告発する集会や大会が頻繁に開催された。一一月中旬から一二月上旬にかけて、上海の『解放日報』と『文匯報』は米国を告発する記事を集中的に掲載し、そうした雰囲気を盛り上げている。例えば、「米国が上海の粉ミルク業をダメにした真相」、「米国の野蛮な統治を告発する：旧海関統治者リードの面貌」、「米国製の缶詰が町にあふれ、我が缶詰工業は青息吐息」といった記事である。それまで中国は米国と直接、戦争を戦ったわけでも、侵略を受けたわけでもなかったため、告発は内戦期の「経済侵略」（救済物資が大量に流れ込み国内産業を破壊したという見方から）に集中せざるを得なかった。こうした一部の産業が受けた苦い記憶のみをもって一般の人々の感情をどれほど動かせたかは疑問である。

しかしながら、志願軍が参戦当初、破竹の勢いで勝利をおさめ、戦線を三八度線以南に押し戻したことが、人々の民族的自尊心と愛国的情熱を高めたことは確かであろう。「人民解放軍は田舎者で米兵と太刀打ちできない」という予想は裏切られ、「米帝は本当に張り子の虎だ」というまでに大転換していた。[78] 平壌・ソウルの「解放」といっためざましい戦果をあげていた時期、政府の時事宣伝教育は、人々に比較的受け入れられやすくなっていたのである。

しかし、五一年二月以降、戦況は芳しくなくなる。米国が朝鮮から早期に撤退するという希望的観測ははずれ、一月二五日、米軍が攻勢に転じた。第四次戦役の開始である。四月二一日まで続くこの戦役で志願軍は、ソウルを放棄し、三八度線以北に退却させられた。以後、戦線は三八度線付近で膠着する。米国との戦争が長期にわたる見通しとなり、抗米援朝運動も新たな段階に進むことになる。

(二) 運動の普及

五〇年一〇月から五一年一月までの運動の第一段階では、参戦への支持をとりつけることや人々に米国を敵視させることが主な目的であり、それらはおおむね達成された。次に運動をさらに広く深く推進すること、すべての人民に抗米援朝の教育を受けさせることが目的となった。二月二日、中共中央は「さらに普遍的に抗米援朝の愛国運動を展開させることに関する指示」を出し[79]、翌三日には、少数民族地域においても抗米援朝運動を展開するよう指示を出した[80]。

一方、この時期の運動の大きな原動力となったのは、「米国による日本再武装反対」というスローガンである。二日の指示では、愛国運動の三つの中心として一番目にこれがあげられている。直接対戦したことがない米国をどうしても「恨みきれない」という者があったが、数年前まで侵略・占領していた日本であれば、中国人にとって、強烈な恨みの対象になりうる。日本の侵略に起因する恨みを媒介として反米感情が大いに高まることが期待された[81]。具体的行動として、三月一四日の抗米援朝総会の建議をうけ、各地で和平公約署名と日本問題に関する投票（再武装反対と単独講和反対）が実施された。四月下旬から七月中旬までに、全国で約三億四千万人がこの署名・投票を行ったという[82]。当時、中国の人口は四億七、五〇〇万人といわれていたから、国民の約七割が参加したことになる。また、三月と五月には、日本再武装反対のスローガンを掲げた大規模なデモ行進が全国の大都市で組織され、抗米援朝運動は最高潮に達した。とくに五一年メーデー前後のデモ行進は全国で二億人が参加するという空前の規模となった。

このように五一年二月以降の第二段階では、それまでのような都市における学生や知識人を中心とした運動から脱却し、全国の人民ひとりひとりが参加する全人民的運動として展開させることが目指されていた。その達成度を数字からみるならば、かなりの程度に達していたと思われる。華北区では四月中旬までに、全人口の七〇~八〇%が愛国教育をうけたとされ[83]、先の署名・投票運動でも七〇%の者が参加している。こうした状況下、政府は残り二〇~三〇%の空白地帯をなくすこと、つまりさらなる普及をはかるとともに、宣伝網を整備して、宣伝工作を一過性のものでなく、経常的制度とすることをもとめるようになった[84]。こうして運動は普及から持久化へと軸足を移していくのである。

(三) 運動の持久化

五一年二月の政治局拡大会議以降、中国は戦争の長期化に備える方向へ転換していった。抗米援朝運動もまた、一時的な盛り上がりを形成するにとどまらず、持久化させていくことが求められるようになる。五月一日の『人民日報』は「抗米援朝運動を新たな段階に推し進めよう」と題した社説を発表し、「都市でも農村でも、メーデー以後の抗米援朝運動の進め方は、四月下旬とは異なるべきであり、最も重要なのは、大規模な大衆活動を減らし、会議が多すぎないようにし、幹部と大衆の時間と精力を大事にして、抗米援朝運動において長期間にわたり人民の思想教育工作を行えるようにすることである」と訴えた。つまり、メーデー以前の運動では、大規模なデモや集会による宣伝教育の普及や貫徹を目指していたが、そうした非日常的な行事としてではなく、経常的な活動の中で運動を進めていくように転換を促しているのである。

ところが、メーデーの大規模デモの後、運動はいったん弛緩する[85]。極度の緊張状態や熱狂はいつまでも維持できるものではないからである。中共指導者は運動の緩みをいちはやく察知し、批判をくわえると、次の運動に着手した。

それが「愛国公約運動」と「飛行機・武器献納運動」である。

参戦当初より、軍隊やデモへの参加といった直接的行動だけでなく、それぞれの持ち場で職責を果たすことを通じて戦争に貢献し、愛国心を示すことの大切さは言及されていたが、こうした「実際工作」に運動の重点がおかれるようになるのは五一年六月頃からである。そこで六月一日の抗米援朝総会による「愛国公約」と「飛行機大砲献納」のよびかけから、五一年末に「三反」が本格化するまでを抗米援朝の第三段階と考える。

愛国公約運動は当初商工業者を中心に行われていた。たとえば、北京では一一月七日に市商工業界代表が抗米援朝大会を開き、経済面での支援を保証する五項目の公約を締結した。[86]上海では、一二月五日の市第一次各界人民抗米援朝代表会議で四項目の任務が決定されたが、そのひとつとして投機反対・市場安定と並んで愛国公約締結があげられている。[87]公約の具体的内容は不明だが、この並びからみて、北京と同様、経済的支援であったと思われる。さらに上海では、五一年二月下旬の第二次会議で、公約の締結範囲と項目が拡大され、上海各界人民共同愛国公約（一二条）を通過させた。[88]運動がさらに広範に普及していったことを示している。このように表面的には順調に進展していたように見えるが、中共中央は、五月にあらためて愛国公約の締結と執行を促す指示を出した。六月二日の『人民日報』社説「愛国公約を広範に取り結び、真剣に執行しよう」は、次のように述べている。

現在の任務はこの（愛国公約）運動を深め拡大し、時事政治教育を経常化し、人民大衆の政治的自覚を高め、彼らの愛国的情熱と力を各種の実際工作に発揮させるよう積極的に導き、物質的力に変え、各方面から祖国を増強することである。

さらに、この社説では愛国公約の工作をきちんと行うためには、①下層人民大衆にまで深め、小規模な単位（工場・機関さらには車間・生産組など）を範囲とすること、②公約内容は切実で具体的であること、③締結前にしっかりと準備・討論を行うこと、④締結以後は定期的に検査と総括を行い、項目の補充や修正を不断に行うこと、が必要であると主張している。[89]

この主張を逆から見れば、それ以前の愛国公約運動が商工業者や社会上層部など一部のものであったこと、締結範囲が大きすぎて内容が抽象的であったこと、大衆の自発的意志でなく上からの強制や請負で締結されがちであったことがわかる。このように抗米援朝運動が広く一般大衆にも浸透したことをうけて、喚起された愛国的情熱を生産や機関工作などの面に発揮していくことを目指していったのが、六月以降の愛国公約運動であった。そしてこの愛国公約にいれるべき重要項目として「飛行機・武器献納」があった。

六月一日、抗米援朝総会は、愛国公約の推進、烈士・軍人家族の優待と同時にこの「飛行機・武器献納」を全国人民に呼びかけた。単なる抗米援朝の寄付運動であれば、すでに大々的に行われており、五一年五月末までに全国で一、二〇〇億元近い寄付金を集めていた。[90] また、前線の志願軍兵士へおくる慰問品と朝鮮人民への救済物資の寄付活動も活発に行われていた。だが、この「飛行機・武器献納」はそれらとは桁が違った。この運動によって全国で実際に集められた寄付金は、五一年末時点で四兆七、二八〇億元、五二年五月末時点では五兆五、六五〇億元以上（飛行機三、七一〇機に相当）にのぼった。[91] これほど巨額の寄付金をどのようにして集めたのであろうか。提唱された方法は、増産節約によって計画を超過した利益をあげ、その全額あるいは一部を寄付する、というものである。[92] ただし、それは超過利潤があれば寄付を行うという生やさしいものではなく、単位ごとに何機の飛行機（たとえば戦闘機一機は一五億元で計算）[93] を寄付する、という公約を事前に締結し、必ずそれを達成しなければならなかったのである。献納額は大衆の自発的意志によるとされていたが、市や県レベルでの増産節約献納計画が先行して立てられていることから、実際には上からノルマが割り当てられていたと思われる。ノルマが課されるとそれは必ず達成しなければならず、強制力の強さからしばしば超過達成される。上海を例に取ると、まず献納目標が飛行機三三四機・高射砲一門の計五、〇一八億元と設定されたが、五二年五月末段階で、計画を七〇％超過して八、四九一億元（戦闘機五六六機に相当）以上を納めた。(94)

献納運動は五一年下半期でほぼ終了したのだが、一〇月、毛沢東が献納とは切り離して、増産節約自体を呼びかけて以降、増産節約が一大スローガンとなった。毛沢東は増産節約運動自体が志願軍を支える行動であり、現在の最も重大な任務であると位置づけた。毛がこの時期に提唱し、その後「三反」運動へと発展していく増産節約運動は、それ以前の「飛行機・武器献納」運動の手段としての増産節約とは意味あいが異なっていた。米国との戦争にそなえ大規模建設、とくに重工業化をいそぐ中国にとって、資金の源泉は増産節約によるしかなく、したがって増産節約は国家の総方針・総任務と位置づけられたのであった。さらに増産節約と同時に「精簡整編（機構の簡素化と人員の削減）」が提起されていたことにも注意しなければならない。

五一年二月以降、戦争が短期で終結する望みが消え、戦線は膠着した。他方で七月から停戦交渉が開始され、戦いながら交渉するという情況が続いていた。こうした環境のなかで、五一年末から、次の戦争に備えた体制の立て直しと整備をはかろうとした。それが増産節約運動であり、そして「三反」・「五反」運動へと発展していった。

第四節　増産節約運動から「三反」・「五反」運動へ

増産節約は生産性をあげ、飛躍的な増収を実現して、戦争を物資面から直接支援しようとした「飛行機・武器献納運動」の手段であり、前提であったが、五三年からの大規模経済建設をひかえ、しだいに増産節約自体が目的化していく。そしてまた、政府機関や国営企業において進められていた整風運動としだいに結合し、大衆運動として推進されていくことになった。この整風運動の先駆けは東北であり、それはまた「三反」運動の先駆けとなったといわれている。そこでまずは増産節約運動を検討し、それから東北の整風運動をとりあげ、両者がいかに結合していったかをみておく。

（一）増産節約運動の開始：東北局都市工作会議(95)（五一年五月）

東北での増産節約運動は、五一年五月の東北局都市工作会議で高崗が、東北工業部所属の国営企業に、増産節約により穀物五〇〇万噸に相当する富の創出を呼びかけたことに始まる。流動資金の回転を加速することで二〇〇万噸、各種製品のコストを前年より一〇%削減することで一五〇万噸、設備の運用率をあげたり操作方法を改善したり、不良品を減らすことで一五〇万噸の価値を生み出す計画であった。七月の「東北工業建設の当面の具体的工作に関する決定」(96)でも、五〇〇万噸増産節約の任務を達成するための主要方法は技術管理とコスト管理の強化である、としている。つまり、この時期の増産節約運動は、企業内での管理を科学的・合理的に行うことが目指されていたのであり、経済的な側面が重視されていたことがわかる。

また同決定では工業部所属企業だけでなく、全ての国営企業と省営・市営企業において、例外なく五月の都市工作会議の精神と要求に基づき、増産節約計画を作成し、貫徹実施するよう指示している。運動は東北全体に広がっていった。機械工業局は七月一四日に所属各工場の工場長・中共総支書記・労組主席の聯席会議をひらき、五一年下半期に四八・九万噸の増産節約を行うことを決定し、軽工業管理局は七月初めに工場長会議を開き、増産節約のわりふりを行った(97)。

ただし、多くはノルマが各工場におろされただけで、十分な大衆発動が行われるには到らなかった。八月一六日、東北局は「真剣に都市工作会議の決議を貫徹し、国家のために富を増産節約することに関する通知」[98]を発して、各企業に対し、通知受け取り後一〇日以内に増産節約の具体的計画とその進行状況を東北局に報告するよう求めた。さらに、この五〇〇万噸の増産節約は重大な政治任務であり、その意義を幹部および労働者に知らしめ、大衆的な増産節約運動を形成しなければならないと強調している。

八月二二日の『東北日報』社説も「増産節約は大衆的な運動を形成しなければならないので、運動前と運動中には必ず系統的な愛国主義と国際主義の教育、それはすなわち共産主義の教育でもあるが、それを行わなければならない」とし、企業内の整党と増産節約運動を緊密に結合させることを主張している[99]。増産節約運動は、徐々に整風運動化しつつあった。一方、五〇〇万噸の目標のうち四五〇万噸は八月末時点ですでに達成しており[100]、増産節約運動を経済的側面からだけみれば、十分な成果をあげていたことになる。大衆の発動や整党と結合させることで、さらなる大きな成果をあげようとしたのであろう。結局東北では、一〇月末までに計画を大幅に超過する一千万噸の増産節約を達成したのである[101]。

このように五月に発動された増産節約運動は、夏頃から単なる経済的運動としてではなく、整党や共産主義教育と結合した政治運動の傾向を強めつつあった。八月三一日、高崗は「汚職変質に反対し、官僚主義に反対する」という有名な報告を行い[102]、「三反」の先駆けとされる整風運動が東北で始まった。

(二) 東北の整風運動

高崗の報告は、東北一級党員幹部会議で行われたものであるが、その内容が『東北日報』紙上に公表されたのは、

「三反」が正式に全国で発動されたのと同じ一二月一日であった。つまり、九月から一二月までの約三カ月間の整風運動は、ひろく一般大衆をまきこんだ形で大々的に展開されていたわけではなかったのである。一一月二〇日、「三反闘争に関する」高崗の報告が中共中央から各中央局に転送されて以降、東北の経験が「三反」の先駆的事例として高い評価を受け、高崗の指導が模範とされた。では、この東北における整風運動はどのような運動であったのか。

八月の高崗の報告を要約すると以下のようになる。

> 全国的革命勝利と東北で経済建設工作が中心となって以後、大量の古い機関・企業の中の工作人員が人民の機関と企業に入った。彼らの大部分は教育・改造をへているが、一部に改造が不十分であったり、全く改造されていない者がいる。同時に不正商人や反動的階級の残余分子が各種手段で意志の弱い者や一部党員を誘惑し堕落させ深刻な汚職変質傾向を生じさせ、革命の隊伍を腐蝕し、党と人民大衆との関係を妨害している。こうした汚職変質傾向を一掃し、官僚主義に反対するために、すべての機関で大衆的な民主運動を展開しなければならない。過ちを犯した者には告白を呼びかけ、大衆には摘発・検挙を呼びかける。運動の過程で摘発され、証拠が確かな汚職分子に対しては、厳格な態度で処理を行わなければならず、寛大な処置は革命に対する罪悪である。

ここで高崗が批判の矢面に立たせているのは、まず国民政府からの留用人員であり、次に留用人員から悪影響をうけ変質してしまったとみなされた党員であった。先に述べたように留用人員に対する不信感は、「反鎮」運動が激化して以降強まっており、五一年四月頃から経歴・立場・工作の検査（三査）を行う必要性が主張されるようになっていた。五月二一日には、夏と秋に整風方式で機関工作人員に対して普遍的初歩的な清理を行うよう中共中央の指示が出され、夏以降、全国で整風運動が展開されていった。北京市副市長・張友漁の報告がこの整風運動の一端を明らかにしている。彼の報告は、北京市の機関における工作人員の清理の必要性やその目的および方法を明らかにするためのものであるが、中央の経験に触れて次のように述べている。中央の機関では五万人余りの幹部が学習に参加し、うち二万人余りの幹部が自発的に大小の問題を説明した。そのうち一万二千余りは政治問題であり、深刻なものもあった。上海・広州などの清理情況も大体中央と同じであり、ゆえに北京の機関の情況も例外ではないであろう、と。また、清理の目的についても、革命と「反革命」の境界をはっきりひくことであり、「反革命分子」を清理して孤立させることである、と述べている。[103] 張の報告は、まさしく「中層」・「内層」の「反鎮」にかかわるものであった。

こうした北京の整風運動と比較して、先の高崗の報告で注目できるのは、反対すべき対象が「汚職変質」と「官僚主義」の二点であったことである。北京の、そしておそらく中央やその他の都市で行われていた整風が、まさしく「中層」・「内層」の「反鎮」に他ならなかったことにくらべ、東北の整風運動は、「汚職」と「官僚主義」に焦点をあてている点で独特であり、また後の「三反」に継承されていく性質のものである。ただし「三反」運動と対比するならば「浪費」への反対がぬけている。東北の整風運動は、「二反」運動から出発したと言うことができるであろう。しかし、高崗の報告が当面、一般には公開されなかったように、当時の運動は政府機関内や党内といった、いわば内輪での整党・整風運動として展開されていたことに留意したい。のちの「三反」運動のようにあらゆるメディアを通じて大々的に宣伝・教育され、あらゆる階層の人々を巻き込んで展開された大衆運動ではなかったのである。それでは、東北のこうした「二反」整風運動がいつ、いかなる契機で「三反」大衆運動へと転換していったのであろうか。

(三)「二反」から「三反」へ

一〇月二二日、東北局は「増産節約運動を全面的に展開することに関する通報」を出し、[104] 二六日、高崗は、ふたたび東北一級党員幹部会議において、増産節約と「三反」闘争を強調する報告を行った。[105] ここではじめて、八月の報告で述べられなかった「浪費」の問題が提起され、汚職・官僚主義反対の「二反」に浪費を加えた「三反」へと転化した。高崗は「二反」整風運動のなかで深刻な浪費現象が発見されたとし、摘発された浪費現象を以下の五点にまとめた。

①工作が無責任なための損失：資金や物資をねかせておいて生産拡大に用いない、機械の破損・原料の浪費、買付がいい加減で国家に損失をあたえるなど。

②綿密な設計を欠いた施行を行い、作業が停止したり、やり直しになる。

③国家の資財を「小家務」とし国家規定額を越えて随意支出を行う。

④機構が重複し、人員が多すぎる：去年より八四％も増えた単位があるが、四分の一の人員がいなくても業務にさしつかえない。

⑤生活が派手になっている。

上記①②④の三点は、参戦後、経済管理能力や制度がまだ十分整備されないまま、戦争支援の経済建設を、急ピッチで行わざるをえなかったため生じた現象であると言えよう。増産節約運動が推進された当初、「品質大検査」運動と矛盾すると捉えるものがあったが、これもまた増産節約が生産の量的拡大を求め、末端での粗製濫造の要因となっていたことを示唆している。技術や知識が不十分なまま戦争需要に応じた増産を行ったことが、こうした「浪費」を不可避にしていたのであろう。

上記③の「小家務」とは、国家から支給される予算を自分たちの「家産」のようにして私物化してしまうことであるが、こうした「家産」を元手にして商業や生産を行ういわゆる「機関生産」が蔓延する背景には、職員の生活難・福利厚生の不備があった。それゆえ、こうした「浪費」は「避けがたいもの」であり、「合理的」であるという認識を幹部ですらもっていたのである。

だが、高崗はこうした浪費現象の存在が汚職分子の温床となっていると糾弾し、増産節約の最大の敵は、汚職・浪費・官僚主義であり、それらに反対する闘争が必要であるとの認識を示した。以降こうした理解、すなわち「増産節約」運動がすすむにつれ、汚職・浪費・官僚主義の問題が明らかになり、「三反」運動が発動された、という理解が一般に普及し、現在でも通説となっている。しかしながら、「汚職」や「浪費」が生まれる背景に注目するならば、次のように捉え直すことができる。つまり、戦時体制下の経済建設のなかで必然的に発生し拡大した各種矛盾が、増産節約運動という、さらなる経済建設が求められた際に顕在化し、それを先のような論理で理解し、政治運動で一挙に解決しようとしたのが「三反」や「三反」運動であった、と。

(四) 大衆運動としての「三反」運動へ：五一年一一月

東北で五一年五月に始まった「増産節約」運動は、当初は管理の合理化や改善による富の創造という経済的側面が強かったが、運動をよりいっそう拡大していくうえで、しだいに大衆を発動することや整風運動と結合させて行うことが求められるようになった。八月には、政府機関や国営企業内の整風運動が開始されたが、他の地域と異なり東北では、「汚職」・「官僚主義」（のちには「浪費」もくわわる）に批判の重点がおかれた。戦時経済に転換するなかで発生し拡大していった矛盾を、「汚職」・「官僚主義」・「浪費」によるものと理解し、汚職者の摘発へと進んでいったのである。こうした過程をみるならば、たしかに、東北は「三反」の先駆者であった。けれども、東北における政策も、中央の意向や全国的動向と切り離して考えることはできない。

この時期の重要な動向としては、一〇月上旬から半ばにかけて開催された政治局拡大会議がある。同会議の内容は明らかにされていないが、「精兵簡政・増産節約」の方針がここで決定されたという。そして、同会議の決定を通過させる政治協商会議第三次会議において、毛沢東は、抗米援朝・増産節約により志願軍をささえることが「今日の中国人民の中心的任務」であると述べ、愛国増産節約運動の発動を提起した。この時点では、増産節約は前線支援という意味合いが強いが、しだいに大規模建設のための増産節約へと変化していく。一一月二〇日の『人民日報』社説は、こうした変化をよく表している。そこでは、前線を支援するための増産節約は重要な任務であるが、さらに重要なのは、今後の国家の大規模建設を準備し、各種建設に必要な資金を蓄積するための増産節約である。増産節約を困難解決の一時的手段としてだけでなく、国家建設の根本的方法であると認識しなければならない、と述べられている。[106] 一〇月末の東北における「二反」から「三反」への転換と全面的増産節約運動の発動も、こうした中央での方針決定に基づくものであると思われる。ただし、拡大会議の決定をうけて開催された華北局拡大会議では、今年冬と翌年春に整風運動と結合させて、増産節約・反汚職・反浪費・資本家階級の影響に反対する思想教育を行う、[107] としていることから分かるように、「三反」の内容が後のものとは異なる。高崗が「汚職・浪費・官僚主義に反対する」という「三反」を提起し、それを中央あるいは毛沢東が採用したということであろう。

一一月、毛沢東の呼びかけをうけ、国家建設のための増産節約運動が全国的規模で発動される一方で、政府機関および企業内部では、東北にならった汚職人員の摘発と処理がすすめられていた。後でみるように、一一月には、北京市委において汚職摘発と汚職分子の処理がかなり進行していた。一一月二三日の『人民日報』社説は、東北での整風運動の展開と経験を紹介し、全国でも最近汚職事件が連続して摘発・処理されていると述べているが、一方でこうした運動はまだ広範な大衆を吸収し参加させていないとして、大衆運動への転換を主張している。[108] つまり、五一年一一月には、北京およびその他の地域における一部の機関で汚職の摘発・処理が整風運動の延長として進められていたが、まだ社会各層をまきこむ大衆運動ではなかった。「三反」運動の準備・予行期間であったと捉えることができるであろう。

一一月二九日、有名な劉青山・張子善事件が華北局から中央へ報告された。同報告によると、劉青山は天津地方党委書記のときに天津専区専員の張子善とともに救済用穀物、治水工事費用、飛行場建設費用など約二〇〇億元を着服流用し、「機関生産」や投機活動に用いたという。三〇日、中央は各中央局にあて、この事件がみなに警鐘をならしていること、必ず幹部の汚職行為に注意し、発見し摘発し懲罰をあたえ、大闘争として処理しなければならない、とコメントをつけ転送した[109]。古参党員で地方党委書記という高級幹部が汚職で摘発されたこと自体、党内・政府に大きな衝撃を与えたであろう。この事件は、「三反」運動に整風運動から大衆運動への転換を促す象徴的な事件となった。

第五節　「三反」・「五反」運動

（一）「三反」運動の発動

一二月一日、中共中央は「精兵簡政・増産節約・反対貪汚・反対浪費と反対官僚主義の決定」を全国に通知し、党の地委と軍隊の党委レベルにまで下達した[110]。これにより「三反」運動は正式に発動されたわけだが、すでに第一章でみたように、この決定は単に「三反」闘争を開始する号令をかけただけではなかった。それまでの総括を行い、五二年の情況を予想したうえで今後の総方針・総任務をも明らかにしている。また「三反」・「増産節約」だけでなく「精兵簡政」にも重点をおいていることに注意すべきであろう。つまり、軍の精鋭化と政府機構の簡素化・合理化、それと生産部門による増産節約によって、国防建設の資金を捻出しようという国家の全体的方針のなかで「三反」運動は発動されたのである。

さらに同決定では、官僚主義分子の捉え方が従来とは異なる点がみられる。本来、官僚主義分子とは、お役所主義や威張りちらす作風を持つものを意味していたのだが、この決定では、機関や部隊などで深刻な汚職・浪費が発生しているにもかかわらず、それを発見しなかったり、きびしく処罰しないものを「深刻な官僚主義分子」である、と規定した。つまり「三反」運動に熱心でないものが官僚主義分子であるという解釈であり、すべての幹部たちが運動に積極的にならざるを得ないようにしたのである。

この通知直後、北京市における反汚職闘争の経験に関する報告（一二月四日）が各地におくられ「三反」闘争の模範となった。その報告は、過去の汚職に対する検査について、「大張旗鼓」方式で大衆運動として行わなかったために不十分であり、汚職現象がかなりの程度存在していることを指摘し、系統的で大規模な検査と闘争の必要性を説いている。[11] それによると、北京市所属の各機関と企業において、「解放」以来すでに六五〇人の汚職分子が発見されたが（四九年一六六人、五〇年二八九人、五一年一九五人）、まだ氷山の一角であり、反汚職闘争を普遍的に深く展開するために広範な党内外の大衆を動員し、下から上へ検挙することを決定した。汚職人員の構成を部門別にみてみると、財経企業部門四二〇人、ついで公安部門一一二人、その他一一八人。政治組織でみると党員一〇八人、団員一九人、非党団員五二三人。幹部類別では留用幹部と新幹部（新幹部の多くは旧人員）五一四人、老幹部七九人、その他五七人。すでに五一二人が処理済みであり、一三〇人が免職・解雇、一〇五人が懲役、四人が死刑判決となっている。この報告から、運動のごく初期の段階で、すでに留用人員で非党員のものが闘争対象の大部分を占めていたことがわかる。

ところで、報告の中で明らかにされていて興味深いのは、政府人員が生活難や福利厚生の未整備から、汚職に走るという構図をかいま見ることができる点である。反汚職闘争の展開に関して意見交換を行うため開かれた、市協商委員会と市人民政府委員会の拡大聯席会議において、次のような意見がだされている。北京市の俸給は天津・上海などの大都市とくらべて低く、生活は清貧である。家庭の負担が重く生活困難な工作人員には住居・医療などの費用を補助すべきである、と。

北京市の報告では「大張旗鼓」方式で行うことの必要性を示唆していたが、おなじく一二月四日、中央貿易部党組が「大衆を発動し、大張旗鼓で公開して汚職現象に反対し、汚職人員を懲罰することに関する報告」を中央に提出した。中央はこれを「完全に正確」であるとして、各地に転送し、北京市と貿易部の分析・方法を参照して、すみやかに自分たちの反汚職計画を作成し、闘争に着手するよう指示した[112]。一二月八日には、中共中央から「三反闘争をかならず『大張旗鼓』ですすめることに関する電報」が各地に送られた[113]。この電報のなかで、毛沢東は、深刻な汚職犯は銃殺すべきであり、全国で一万から数万の銃殺を行わなければならない、と非常に厳しい態度を表明している。こうして、当初は整風運動として始められた「三反」運動が、「反鎮」運動と同様に「大張旗鼓」方式を採用して、あらゆる階層の広範な大衆をまきこんだ運動へと発展していくことになった。

「三反」・「五反」運動の全国的指導組織である中央人民政府節約検査委員会（略称、中節委）が成立したのは、一二月七日であった。中節委の主任であった薄一波の回想によれば、同委は成立後、毎週三、四回の会議を行うなど非常に活発に活動したが、それを熱心に指導したのが毛沢東であった。彼はみずから方針を提起し督促し任務を提起し、方法を説明したという。ほぼ毎晩、薄一波から報告を聞き、あるいは中節委の会議に参加し、みずから指導することもあったという[114]。

北京市では、一二月一八日に党内高級幹部会が、二〇日に全市幹部大会が開かれ、運動への動員が行われて以後、告白と告発がかなりの件数にのぼるようになった。一二月二六日の北京市委の報告によれば、一週間で二、六七四人が告白し、一四九件の告発があった。それでも、北京市委は告白しているものは少額の汚職についてのみであり、重要な事件がまだでてきていないとしている。そして運動のさらなる普及と深化のために「三反」を現在の中心工作とすること、商工業界に贈賄の自白と汚職分子の告発をよびかけることなどをあげている。また、この時点ですでに民営企業の労働者に対する動員が開始されており、企業の汚職や贈賄行為を告発させたため、一部の資本家がパニックに陥っていることも報告されている。[115]この後北京では、二八日から三〇日にかけて「三反」を中心議題とする各界人民代表会議が開かれ、これを契機に告白・告発運動は大きな盛り上がりをむかえた。同会議では、商工界の代表たちも不法資本家や汚職分子を糾弾する発言を行った。しかし、商工界代表の講話に対して労働者たちはあまり拍手をせず、逆に労働者や学生代表の講話に対して商工界代表たちはあまり拍手しないなど両者のあいだに溝がみられた。商工界からは「今回の会議はまるで商工界を闘争にかけるようなもので、商工界はもうだめだ」という声があがったほどであった。[116]

このように北京市では、かなりの程度、「三反」運動の動員がすすみ、告白・告発運動も進展していたが、全国的には、五一年末の時点では、運動はまだ学習と一般的動員段階にとどまっていた。そこで中央は、一二月二六日、そうした整党学習を停止し、「三反」に全力であたるよう指示を出した。また三一日には、中央直属機関の総党委が、党・政・軍・団そして大衆団体の部長級から処長級幹部を集めた拡大党委を開き、一月一日から一〇日までにすべての単位で大衆闘争を発動し、一一日に報告を行うように指示を行ったが、これに違反するものは一律更迭し、処罰するという厳しさであった。会議では、運動の進んでいない部が公表され、部長が名指しで批判をうけた。こうした中央の厳格な態度に接し、各部長たちは大いに衝撃をうけた様子で、当日各部署に戻るとすぐに会議をひらき、元旦も終日会議を行い、予定していた観劇もとりやめたという。[117] こうした中央の急展開は地方へも波及していった。上海市では、一月四日に華東局から北京市の経験が伝達され、その晩のうちに、市委が緊急会議を開いた。翌五日には、全市高級幹部整風会議が開かれ、六日は日曜日であるにもかかわらず開かれた各幹部会議で主要な指導者が自己批判を行い、市委は七日より一〇日以内に全市で「三反」運動を展開することを宣布した。[118] このように、中央の強いイニシアチブの下、五二年一月以降、「三反」運動はようやく、学習・発動段階から大規模な闘争段階へと進んでいくのである。

(二)「三反」闘争の展開

一月一九日、中央直属総党委が高級幹部会議を開き、集中的に「虎退治」[119]を行うことを宣布した。[120] これ以降、「三反」運動は、汚職分子に対する闘争段階に入り、激しさを増していく。まず、「三反」運動の先行者であったはずの東北の情況をみてみる。開始当初、東北は「大虎」を五六人発見したと報告していたが、[121] 一月二六日の報告では、その数を九倍近い五〇〇と想定した。これに対し、毛沢東は五〇〇にはとどまらず、その倍から数倍存在するであろうという見込みを示し、その一方、当面の目標を五〇〇としたのは適当であり、運動の深化にともない逐次追加していくよう指示した。[122] これをうけて、二月三日の東北の報告では五〇〇から二千にまで増額されている。[123] ただし、この二千という数字が「大虎」だけのものか、「中虎」・「小虎」も含むのかは明示されていなかった。そこで、毛沢東は「大中小」をあわせた数字ならば低すぎる。二万以上はいるはずである。「大虎」だけの数字ならば華北の一、二〇〇よりも多い。虎の数が増えるということは、認識が進歩したという証であり、信念が増大し、意気込みが増したということである、とコメントをつけている。[124]

東北にかぎらず、ほかの地域の指導者も毛沢東から同様の叱咤激励をうけ、「大虎」の数をひきあげていった。中央一級レベルでは、開始当初、数十頭しかいないとしていた「大虎」が、わずか一週間ほどで四〇〇頭にひきあげられた[125]。浙江省委の「大中小虎」が千以上という「虎退治」計画に対し、毛沢東は初歩的認識としては良いが、以後しだいに増加させるべきであり、「虎」の数について、おそらく二千から三千、あるいはもっと多いであろうと述べている[126]。このように毛沢東は、各地から送られてきた「虎退治」に関する報告にコメントをつけては各地に転送し、その摘発すべき「大虎」の数をひきあげ、計画数をつりあげていったのである。そしてこうした毛沢東の意向をうけて、各地の「虎」の摘発数は短期間に大幅にひきあげられていった。二月六日、東北はついに「大虎」四千、「中小虎」二万五千を退治するという計画を報告するにいたった[127]。

汚職摘発計画数がひきあげられるということは、末端にとっては摘発すべきノルマが増えるということを意味する。たとえば、二月八日、華東局は上海に「大虎七五〇、小虎三、五〇〇」という任務をあたえている。このように摘発や闘争にかけた「虎」の数が実態に即してではなく、上から与えられ、それが必ず達成されなければならないのであれば、運動に行き過ぎが生じるのは避けられない。三月一二日、上海市委は「虎退治」に関して四項目の禁令を出した。それは、①「車輪戦」（多人数で一人を攻め疲労させるやり方）の禁止。②容疑をまちがってかけることがあっても、まちがって打倒してはならない。証拠がなければ「虎」として退治してはならない。③暴力およびいかなる拷問も禁止。④すでに拘留・逮捕された「虎」に対しては「両頭開」の処理方法をとる、であった[128]。この禁令を逆からみれば、「車輪戦」や拷問などによって自白を強要すること、あるいは証拠がないのに「虎」とみなして打倒してしまう冤罪が、問題視されるほど多数発生していたといえよう。

こうして運動は「反鎮」同様、はげしい闘争形式をとるようになった。北京では、二月一日に七人の大汚職犯に対する公開裁判大会が開かれ、二名に死刑判決、三名に懲役判決が下された。こうしたいくつかの大規模な大会が開かれ、中央の機関が先頭にたったことで、全国で「三反」運動が「破竹の勢い」で展開されていったのである。[129] 瀋陽でも、二月一五日前後に、数千人規模の公開裁判を開催した模様であり、[130] 二月二一日には、東北貿易部でも汚職分子を「包囲殲滅する大会」が開催された。[131] こうして二月半ばから下旬に「三反」運動は最高潮に達した。

全国の県以上の党政機関で「三反」運動に参加した総人数は三八三万人以上（軍隊の数字は含まず）であった。調査の結果、汚職額が一千万元以上のものが一〇万余人、[132] 汚職総額は六兆元という巨額に達した。国家機関人員の四・五％が何らかの汚職や浪費・官僚主義の過ちをおかしたとされ、一二〇万人余りの汚職分子や汚職の間違いを犯した者に処分がくだされた。[133] 重大汚職犯については、有期懲役九、九四二人、無期懲役六七人、死刑四二人、死刑延期九人となっている。[134] 汚職者と汚職額の驚異的な多さは、ひとつには、汚職や浪費がやむを得ないものであったこと、また、あまりに一般的慣習的に行われていて罪の意識がないものであったこと。それともうひとつには、上からのノルマを達成するために、運動に行き過ぎが生じ、自白を強要したり、汚職と呼べないものも汚職として摘発したり、あるいは汚職額を高く計算したりすることがあったという事情による。[135]「反鎮」とくらべれば極刑に処されたものは少ないのだが、「三反」には、政府機関や企業でのリストラという側面があったことを考えれば、運動を契機におもに留用人員を対象として解雇や配置換えが進行したことが重要である。運動の最終段階では、運動の過程で出現した「積極分子」・「優秀分子」を党に吸収する「整党・建党工作」が行われた。こうして政府機関や企業においては留用人員や「新党員」が排除され、それにかわって運動のなかで積極的に動いた労働者・店員が抜擢されていった。

収賄が摘発されれば、贈賄も明らかになる。公的物資の横流しには、商人がかかわる。「三反」運動がおこれば、商工業者の「不正行為」を糾弾する「五反」運動に波及するのは必然であった。次に「五反」の展開を簡単にみていきたい。

(三)「五反」運動への拡大

一月二六日、「五反」闘争を展開することに関する指示が正式に出され、二月より大都市と中規模都市で「五反」闘争に入ることとなった。しかし、「三反」運動のごく初期から、ブルジョワジーやその思想に対する批判がすでにあらわれていた。五一年一二月二〇日の華東局の「三反」に関する報告は、党政内部の汚職は往々にして不法商人と結託したものであり、このため、かならず不法商人を調査し、大衆が不法商人を摘発告訴する運動を動員しなければならない、としている。[136] 先にみた北京の例では、一二月末の時点ですでに民営企業の不正行為に対する糾弾が開始されていた。五二年一月五日の北京市委報告は、商工界が政府による動員と、大衆からの圧力をうけて非常に緊迫した雰囲気にあることを述べている。一六五九社がすでに告白し、二、九二三人の汚職と贈賄行為が告発された。とくに政府と関係の深い業者の情況はかなり深刻で無線電器材業では一二〇社のうち八〇社が、建築業では二〇〇社余りのうち一〇七社が告白するなど、業種全体に占める比率が高い。商工業者の間では「圧力が本当に大きい」、「はやく自白してしまおう、他人が先に自白して、それにひっぱり出されてはたまらない」、「今回の三反運動はまるで天にも地にも網が張り巡らされているようで、自白しなければだめだ」という声が一般的になっていた。[137]

同日、中央はこの北京市委報告を「正確である」と評価し、各都市にならって行うよう指示した。さらに中央は、指示のなかで「ブルジョワジーの三年にわたるこの問題における我が党に対する狂暴な攻撃に対して断固とした反撃を行い、重大な打撃をあたえ」、「この闘争を大規模な階級闘争として取り扱」うように述べている。[138] この指示が実質的に「五反」への号令をかけたといえる。

このように「三反」と連動して行われた資本家への糾弾、不法商人の摘発といった動きが早かったのも、やはり北京であった。しかし、「五反」運動への取り組みは「三反」にくらべてより慎重さが要求された。「五反」が正式に発動された後の一月末、毛沢東は高崗あての電報のなかで、資本家に対処するには準備が必要で、しっかりとした準備がなければ着手してはならない、一部の業者に対する検査を行い、問題を解決し、それからまた次の業者の検査を行うというような、段階的方法をとるよう述べている。こうして九〇％以上の資本家を味方、あるいは中立にしたうえで、数％の反動的資本家を孤立させるのである。ここで北京の経験をひき、全体の一～二％の最も反動的な資本家のみを処罰（銃殺・没収・懲役・罰金など）するのがよいとし、北京では、五万の商工業者があり、その一％といえば五〇〇社となるが、一カ月の緊迫した闘争をへて、まだ百名近い資本家を逮捕しただけである。二月に三〇〇人前後を逮捕する準備をしており、その後の情勢を観察する、と述べている。[139]

このように、「三反」の督促には非常に積極的な毛沢東であったが、「五反」の自然発生的な動きに対しては、どちらかといえば抑制的態度を示していた。しかしながら、「五反」が「三反」の裏返しであるからには、「三反」が大々的に行われれば「五反」も拡大化していく。中国最大の経済都市である上海では、「五反」がまだ正式に発動される以前に、すでに資本家はパニック状態となり、資本家の逃亡や自殺があいついでいたのである。[140]

「五反」闘争に慎重になったのは、経済活動への影響を考えてのことであり、運動の過程においても、経済の正常な活動を維持するよう、指示が出された。しかし、「五反」が始まるとすぐに経済活動に支障がでた。二月一四日の天津市委報告では、すでに重大な影響が発生し、直接的影響を被る労働者は悲鳴をあげている。経済の萎縮が長期にわたれば、運動後に回復させることは困難であると述べ、運動をしつつ、経済工作も同時に行うことを提起している。[141]こうして「五反」運動は正式に開始され、盛り上がりを経験すると、すみやかに処理段階へとすすめられた。また上海では、経済活動への影響を考えて四月まで開始が延期されている。

だからといって、「五反」が民営商工業者にあたえた影響は小さくはなかった。この点については、すでに第二章・第三章・第四章で述べたので繰り返さない。急ごしらえの戦時経済体制のもとで、生じた各種の矛盾は、構造的問題として認識されず、政府機関人員（とくに留用人員）や資本家の問題として矮小化され、「三反」・「五反」運動という大規模な大衆運動を発動することで克服しようとした。構造的な問題は残されたが、政府や党の企業活動に対する指導権を確立することとなり、のちの社会主義改造を準備する前提条件をつくりだしたのである。

●注

（1）中共中央文献研究室編『建国以来毛沢東文稿』第一冊（以下、『毛文稿』①と略記）中央文献出版社　一九八七年、六九九―六七〇頁。

（2）「広西の匪患を粛清し広東の兵力を増強することに関する電報」（一九五〇年一一月一四月）では、広東への敵の進攻を予想し、広東の兵力増強のため広西の剿匪を前倒しして行うことを指示しているが、「広西の剿匪工作は全国のなかでもっとも遅れており、その原因は指導方法の欠点のためである」と指摘している（『毛文稿』①、六五九―六六〇頁）。

（3）本節で三江県をとりあげるのは『三江剿匪紀実』（中共三江侗族自治県委員会党史辦公室編　広西民族出版社　一九九一年）から比較的詳細な剿匪作戦の過程を知ることができるからである。以下、剿匪の過程については、同書の記述によるところが大きい。

また、農村における「反鎮」の実態を各地の県志の記述から迫ったのが、小林一美「中国社会主義政権の出発―『鎮圧反革命運動』の地平」（神奈川大学中国語学科編『中国民衆史への視座』東方書店　一九九八年）である。

（4）『三江剿匪紀実』五、一八頁。

（5）同右書　一二〇―一二一、一二五頁。

(6)同右書　二七頁。
(7)『毛文稿』①六五九―六六〇頁。
(8)『三江剿匪紀実』二八頁。
(9)同右書　八―九頁。
(10)同右書　九―一一頁。
(11)同右書　一三頁。
(12)同右書　三八―三九頁。
(13)「剿匪中犠牲的烈士名録」同右書　二七五―二七九頁。同名簿には部隊の犠牲者六四名と農会主席・地方幹部・民兵などの犠牲者一五名の名前・所属・犠牲日時と場所などが記載されている。
(14)同右書　三八頁。
(15)北京市档案館・中共北京市委党史研究室『北京市重要文献選編　一九五〇年』(以下『北京文献』②と略記) 中国档案出版社　二〇〇一年　四九―五五頁。
(16)「在北京市党代表会議上的報告」『北京文献』②　六二―七三頁。
(17)北京市委の報告では、どちらも運送業に従事する労働者のなかの封建的ギルド的性格をもつ悪覇組織であると説明されている。「摟包」は運送業者のなかの労働ボスで、貨物を独占し、労働者の収入をピンハネしたり、暴力を使うなどして労働者を圧迫したとされる。輪タク業の「猴車」は駅を占拠して旅客を脅したり、貨物を盗んだり、凶悪な場合は殺人なども行ったという。「中共北京市委関於摧毀搬運工人中封建悪覇組織和建立公営搬運公司問題致中央華北局的請示報告」(一九五〇年四月一一日) 北京市档案館編『国民経済回復時期的北京』(以下、『回復時期北京』と略記) 北京出版社　一九九五年、一三七―一三九頁。
(18)聶栄臻「関於執行一九五〇年度工作計画的報告」『北京文献』②　三〇四―三二〇頁。
(19)羅瑞卿「一年来鎮圧反革命分子破壊活動的簡要情況」(一二月二九日)『回復時期北京』一四九―一五四頁。

(20)「中共中央関於糾正鎮圧反革命活動的右傾偏向的指示」中共中央文献研究室編『建国以来重要文献選編』第一冊（以下、『重要文献』①と略記）中央文献出版社　一九九二年、四二〇―四二三頁。
(21)「中共中央批転中央公安部『関於全国公安会議的報告』」『重要文献』①　四四一―四四六頁。
(22)注（19）に同じ。
(23)この事件については以下の『人民日報』の記事による。「最高人民法院糾正通県法院軽判首悪的錯誤」・「対反革命的首悪分子決不応軽縦」（『新華月報』三―二　一九五〇年一二月　三二五―三二七頁に所収）。
(24)北京市委「関於鎮圧反革命活動的工作情況及今后計画致中央華北局的請示報告」（一一月一九日）『回復時期北京』一四二―一四五頁。
(25)一貫道およびその他秘密結社に対する同時期の鎮圧過程については、孫江氏の一連の研究が詳しい。「一貫道と近代政治――『反動会道門の鎮圧』を中心に」『中国研究月報』五八―九　二〇〇四年九月、「中国共産党の政治統合における『秘密結社』（一九四九―一九五五）」『愛知大学国際問題研究所紀要』一一三　二〇〇〇年九月。また三谷孝「反革命鎮圧運動と一貫道」『近代中国研究彙報』二六号　二〇〇四年三月、もある。
(26)北京市公安局「関於取締一貫道工作的情況及経験教訓的報告」『回復時期北京』一六五―一七一頁。
(27)同右。
(28)注（25）の孫江論文が指摘するように、一貫道や秘密結社の会員が増えるのは、そうした繋がりを頼みの綱とせざるを得ない動乱の時期である。内戦が終結し社会秩序が安定にむかっていた同時期、大規模な鎮圧活動がなくとも、その役割は低下する趨勢にあったと思われる。
(29)北京市委「関於摧毀一貫道的簡要情況和経験致中央華北局的報告」『回復時期北京』一五五―一五七頁。
(30)「関於鎮圧反革命分子的情況及近期計画致中央華北局的報告」『回復時期北京』一五八―一五九頁。
(31)「中央転発北京市委鎮反計画的批語」中共中央文献研究室編『建国以来毛沢東文稿』第二冊（以下、『毛文稿』②と略記）中央文献出版社　一九八八年、一三九頁。

(32)「転発北京市委関於人民群衆擁護鎮反的情況報告的批語」『毛文稿』② 一八〇頁。
(33) 北京市委「関於大張旗鼓地処決反革命罪犯的反映和経験致中央華北局的報告」(三月三一日)『回復時期北京』一七五—一七八頁。
(34) 北京市委「関於北京市協商委員会拡大会議討論鎮圧反革命問題的情況致中央華北局的報告」(三月二〇日)『回復時期北京』一七二—一七四頁。
(35) 以下、当日の様子は「北京市各界人民代表集会討論懲治反革命罪犯問題」『人民日報』三月二五日(『新華月報』三—六 一九五一年四月 一二三八—一二四〇頁、所収)による。
(36) 北京市委「関於第二次大規模処決反革命罪犯的準備状況致中央華北局的報告」(一九五一年五月一九日)『回復時期北京』一七九—一八一頁。
(37) 同会議については、北京市委「関於北京市協商委員会討論第二次大批処理反革命罪犯的情況致中央華北局的報告」(一九五一年五月二〇日)『回復時期北京』一八二—一八三頁。
(38) 筆者は、この費孝通の発言を「反鎮」への積極的支持ととるが、逆に政府に間違った処刑を行わないよう自重をもとめる発言ととることもできるかもしれない。ただし、本文中で述べているように、この発言は、死刑の数を増やすという流れのなかで行われており、消極的支持というより、積極的支持と捉えるほうがよいと考える。もちろん、費もふくめ、当時の知識人がいったい「反鎮」をどう考えていたのか、本当のところは、推測するほかないのだが、「反鎮」の本格化とともに、政府を支持する発言しかできなくなっていったことは確かであろう。
(39) 注(33)、北京市委のこの報告では「反革命分子を殺すことに賛成しない意見は現在では、孤立しており、ひとたび口にすれば、大衆から激しく非難される。処刑者に同情的発言をするものがいれば、すぐに反駁される。多数を処刑したが、不満をいうものはかえって少なくなり、デマもへった」と述べている。
(40)「全国各地大張旗鼓鎮圧反革命」『新華月報』四—一 一九五一年五月 一九—二一頁。
(41)「中央対華北局部署鎮反及審査留用人員報告的復電和批語」『毛文稿』② 一一四—一一六頁。

(42)「転発西南公安部関於財経交通部門清理反動分子総結報告的批語」（五一年三月一八日）『毛文稿』② 一七二頁。
(43)「中央関於山東軍区政治部主任黄祖炎被刺殺事件的通報」（三月一八日）『毛文稿』② 一六六―一六七頁。
(44)「転発羅榮桓等関於黄祖炎被害事件調査報告的批語」（四月一九日）『毛文稿』② 二四九―二五〇頁。
(45)「中央転発第三次全国公安会議決議的通知」（五月一六日）『毛文稿』② 二九四―三〇二頁。
(46)「中共中央関於清理『中層』『内層』問題的指示」（五月二一日）中共中央文献研究室編『建国以来重要文献選編』第二冊（以下、『重要文献』②と略記）中央文献出版社 一九九二年、二七四―二七八頁。
(47)「転発華東局関於華東軍政委員会整理『中層』的経験報告的批語」（六月一九日）『毛文稿』② 三六二―三六三頁。ちなみに、このときの「学習」の参加者は、二万七千人余りと非常に多く、「中層」整理が広範に大規模に行われていたことを示している。
(48)中央「関於修改『接収乱《ママ》（敵の間違いか―筆者注）偽和蒋占企業後的改造管理与工運方針的決議』給東北的指示」（一九四八年八月二三日）『工業巻』二四二―二四四頁。
(49)東北日報社論「企業管理民主化是改進生産的重要保証」（一九四九年三月四日）『工業巻』二四五―二五〇頁、所収。
(50)政務院財政経済委員会「関於国営公営工廠建立工廠管理委員会的指示」（一九五〇年二月二八日）『工業巻』二六〇―二六一頁。
(51)「全国煤鉱工会代表会議関於廃除把頭制的建議」（一九五〇年三月九日）『工業巻』二六一―二六二頁。
(52)陳小敏「全国棉紡織会議上的報告」（一九五一年一月）『工業巻』五四三―五四四頁。
(53)中央人民政府重工業部「一九五〇年工作簡要総結和一九五一年的方針与任務」（一九五一年月日不明）『工業巻』五四一―五四二頁。
(54)『中国執政四十年』二九頁。
(55)中央人民政府紡織工業部「一九五一年工作総及一九五二年方針任務」（一九五二年七月一八日）『工業巻』五四二―五四三頁。

(56) 鄧子恢「中南区工作情況与今後的工作任務和方針：一九五一年一一月一二日在中南軍政委員会第四次会議上的報告」『長江日報』一二月一三日掲載、『新華月報』一九五二年一月号に転載。
(57) 鄧小平「西南区工作情況与今後任務：一九五一年一一月一七日在西南軍政委員会第三次全体委員会議上的報告」『人民日報』一一月二六日掲載、『新華月報』一九五二年一月号に転載。
(58) 「西北区煤鉱工業一九五一年度工作総結」（一九五一年九月）『工業巻』五三五—五三六頁。
(59) 民生公司の創業から三〇年代にかけての発展過程については、久保亨「中国内陸地域の企業経営史研究Ⅰ—一九二〇—三〇年代の民生公司をめぐって」『信州大学文学部　内陸地域文化の人文科学的研究Ⅱ』一九九五年三月、を参照。久保亨『戦間期中国の綿業と企業経営』汲古書院　二〇〇五年所収。
(60) 「章伯鈞：李運昌・季方：与民生公司商談公私合営経過情形報告」（一九五〇年七月一三日）中国社会科学院・中央档案館編『中華人民共和国経済档案資料選編：交通通訊巻（一九四九—一九五二年）』（以下、『交通巻』と略記）中国物資出版社　一九九六年　八四九—八五一頁。
(61) 「中財委関於選派公股代表七人参加民生実業公司董事会工作決定」（一九五〇年九月一七日）『交通巻』八四五—八四七頁。
(62) 「中財委関於民生公司問題的通知」（一九五一年一一月二四日）『交通巻』八五五—八五六頁。
(63) 許可主編『長江航運史（現代部分）』人民交通出版社　一九九三年　一三四頁。
(64) 徐志高主編『重慶長江輪船公司史』人民交通出版社　一九九四年　一三三頁。
(65) 『長江航運史』七二—七七頁。
(66) 『新華日報』一九五一年一二月一三日。
(67) 『新華日報』一九五一年一二月二九日。
(68) 『新華日報』一九五二年一月三日。
(69) 過去に受けた抑圧や搾取などの経験を語ること。
(70) 徐廉明主編『万県港史』武漢人民出版社　一九九〇年　一二七—一二八頁。

(71)『新華日報』一九五二年二月一三日。

(72)健盧「記盧作孚自殺経過」『四川文献』（台湾）第七三期　一九六八年。左舜生「記盧作孚之死」『万竹楼随筆』沈雲龍主編　近代中国史料叢刊第五輯　文海出版社　一九六七年　三〇四―三〇八頁。

(73)『長江航運史』一三五―一三七頁。

(74)『中国執政四十年』二二頁。

(75)エリートである青年団員のなかにも米軍による仁川上陸を知らない者がいたという。北京市委「関於北京市学生抗美援朝運動情況致中央華北局的報告」（一九五一年一月三一日）『回復時期北京』一一四―一一八頁。

(76)『新中国資料集成』③　一八三―一八五頁。

(77)軍事科学院軍事歴史研究部『抗美援朝戦争史』第一巻（以下、『戦争史』①と略記）軍事科学出版社　二〇〇〇年　一八七頁。

(78)注(75)に同じ。

(79)中共中央「関於進一歩普遍開展抗美援朝愛国運動的指示」『重要文献』②　二四―二七頁。

(80)『戦争史』②　二七一頁。

(81)北京市委「関於北京市婦女界抗美援朝示威遊行的情況致中央華北局的報告」『回復時期北京』一一九―一二〇頁。

(82)『中国執政四十年』三一頁。

(83)『人民日報』社説「把抗美援朝運動推進到新的階段」（一九五一年五月一日）『新華月報』四―一所収。

(84)同右『人民日報』社説。

(85)「短評：応該歇一歇嗎?」、「山西省屯留等地糾正抗美援朝運動中的『歇一歇』思想」『人民日報』（一九五一年六月八日）『新華月報』四―二　一九五一年六月所収。山西省の例のみがあげられているが、『人民日報』で大きくとりあげられていることから、全国的にみられた現象だと思われる。

(86)北京市委「関於工商界抗美援朝運動情況致中央華北局的報告」『回復時期北京』一一一―一一三頁。

(87)張文清「上海人民抗美援朝運動」中共上海市委党史研究室編『歴史巨変一九四九―一九五六』一　上海書店出版社　二〇〇一年　一二四―一四一頁。ちなみに残る三項目は、①部隊を積極的に支援し、国防建設を強化する　②反革命の鎮圧　③愛国主義生産競争・生産任務の達成・国防力の増強、である。

(88)同右。

(89)『人民日報』社説「広範訂立並認真執行愛国公約」『新華月報』四―二　一九五一年六月所収。

(90)新華社北京電「全国抗美援朝捐款達千一百余億」『新華月報』四―二　一九五一年六月　二四九―二五〇頁。

(91)『中国執政四十年』三四頁。

(92)北京市委「関於抗美援朝献納運動的情況致中央華北局的報告」(一九五一年六月九日)『回復時期北京』一二三―一二四頁。この報告では、運動開始当初、一部で労働者の賃金を寄付したり、過度に節約を強調して生活水準をひきさげることが行われたと指摘している。それに対し、中央は、そうした偏向の発生に注意し防止するよう指示すると同時に、経営管理の改善や生産効率ひきあげ・コスト削減によって利潤をあげることを強調するようコメントしている。

(93)このほかに、爆撃機は五〇億元、タンクは二五億元、大砲九億元、高射砲八億元で計算する。抗美援朝総会「関於捐献武器支援中国人民志願軍的具体辦法」『新華月報』四―二、一九五一年六月　二四七―二四八頁。

(94)注(87)に同じ。

(95)以下、都市工作会議については、「高崗同志在東北局城市工作会議的総結」『東北日報』一九五一年六月二五日、『新華月報』四―四(一九五一年八月)所収。

(96)「東北局関於東北工業建設当前幾項具体工作的決定」(一九五一年七月二四日)『東北日報』一九五一年八月二二日、『新華月報』四―五(一九五一年九月)所収。

(97)「東北工人訂出実現城市工作会議号召的行動計画」『人民日報』一九五一年七月三〇日、『新華月報』四―四　一九五一年八月所収。この記事によれば、撫順鉱務局では下半期に穀物六〇万噸の増産節約を、東北森林工業総局は生産任務の超過達成を、金州紡織廠の労働者は年末までに穀物一五万噸の増産節約を行うと決定した。

(98)「東北局関於認真貫徹城工会議決議為国家増産節約財富的通知」（一九五一年八月一六日）『東北日報』同年八月二二日、『新華月報』四―五　一九五一年九月所収。
(99)『東北日報』社説「加強領導、為争取超過増産与節約計画而努力」『新華月報』四―五（一九五一年九月）所収。
(100) 高崗「全面展開増産節約運動、進一歩深入反貪汚・反浪費・反官僚主義的闘争：一〇月二六日在東北一級党員幹部会議上的報告」『東北日報』一九五一年一二月一日、『新華月報』一九五一年一二月号所収。
(101)「中央転発高崗関於工鉱企業開展増産節約運動報告的批語」（一九五一年一二月一四日）『毛文稿』② 五七四―五七五頁。
(102) 高崗「反対貪汚蛻化、反対官僚主義：八月三一日在東北一級党員幹部会議上的報告」『東北日報』一九五一年一二月一日、『新華月報』一九五一年一二月号所収。
(103) 張友漁「関於清理機関工作人員的報告」（一九五一年八月二五日）北京市档案館・中共北京市委党史研究室『北京市重要文献選編　一九五一年』中国档案出版社　二〇〇一年　四六三―四七一頁。
(104)「中共中央東北局関於全面展開増産節約運動的通報」『東北日報』一九五一年一〇月二八日、『新華月報』一九五一年一一月号所収。
(105) 注（100）に同じ。
(106)『人民日報』社説「開展増産節約運動是国家当前的中心任務」『新華月報』一九五一年一二月号所収。
(107)「中央転発華北局関於一九五二年工作計画的批語」（一九五一年一一月一六日）『毛文稿』② 五〇三―五〇四頁。
(108)『人民日報』社説「向貪汚行為作堅決闘争」『新華月報』一九五一年一二月号所収。
(109)「中共中央批転華北局関於劉青山・張子善大貪汚案調査処理情況的報告」『重要文献』② 四六八―四七〇頁。ちなみに劉は一九三一年、張は一九三三年に中共に入党した古参党員。
(110)「中共中央関於実行精兵簡政・増産節約・反対貪汚・反対浪費和反対官僚主義的決定」『重要文献』② 四七一―四八五頁。
(111)「中央関於批転北京市委展開反貪汚闘争的報告的指示」『毛文稿』② 五四二―五四三頁。

(112)「中央転発貿易部党組関於大張旗鼓地反貪汚的報告的批語」（一九五一年一二月五日）『毛文稿』②　五四四―五四五頁。
(113)「中央関於三反闘争必須大張旗鼓進行的電報」『毛文稿』②　五四八―五四九頁。
(114) 薄一波『若干重大決策与事件的回顧』上　中共中央党校出版社　一九九一年（以下、『回顧』上）一四二頁。
(115)「中共北京市委関於開展反貪汚反浪費反官僚主義運動意見致中央華北局的報告」『回復期北京』一九四―一九六頁。
(116)「一九五一年度第四季綜合報告」（一九五二年二月二六日）『回復期北京』八九二―八九七頁。
(117)「中共中央関於立即抓緊『三反』闘争的指示」中共中央文献研究室編『建国以来重要文献選編』第三冊（以下、『重要文献』③と略記）中央文献出版社　一九九二年　九―一〇頁。
(118) 沈逸静「『三反』・『五反』運動在上海」『歴史巨変』①　一八一―二一三頁。
(119) 当時、汚職額が巨額にのぼる大汚職犯を「虎」とよび（汚職額により「大虎」・「中虎」・「小虎」に分類される）、そうした「虎」を摘発したり闘争にかけたりすることを「虎退治」とよんだ。
(120) 薄一波『回顧』上　一四三頁。
(121)「転発東北局関於尋找貪汚線索的経験的電報」（一九五二年一月三一日）中共中央文献室編『建国以来毛沢東文稿』第三冊（以下、『毛文稿』③と略記）中央文献出版社　一九八九年　一一五―一一六頁。
(122)「関於捜捕大老虎和検査処理違法資本家給高崗的電報」（一九五二年一月三一日）『毛文稿』③　一一七―一一九頁。
(123)「関於限期向中央報告打虎予算和県・区・郷開展三反運動的電報」（一九五二年二月四日）『毛文稿』③　一四〇―一四二頁。
(124)「対華北区二月底以前打虎計画報告的復電」（一九五二年二月四日）『毛文稿』③　一四五―一四六頁。
(125)「転発北京市打虎経験的批語」（一九五二年一月二八日）『毛文稿』③　一一一頁。
(126)「対浙江省委打虎報告的批語」（一九五二年二月五日）『毛文稿』③　一五四―一五五頁。
(127)「対高崗関於東北打虎計画報告的復電」（一九五二年二月九日）『毛文稿』③　一七七―一七八頁。
(128) 注（118）に同じ。

(129)薄一波『回顧』上　一四四頁。
(130)注(127)と同じ。
(131)「対東北貿易部囲剿大貪汚分子大会的経験的批語」『毛文稿』③　二七七頁。
(132)汚職額が一千万元以上のものは「虎」と呼ばれた。
(133)李仲英「『三反』運動的回顧」『党史研究』一九八四年第五期。
(134)薄一波『回顧』上　一四四―一四五頁。
(135)注(133)に同じ。李は運動の過程で生じた行き過ぎは、運動後期の処理と建設段階で基本的に修正された、と述べているが、本当に修正されたのか、どれくらいの行き過ぎがあり、どれだけ修正されたかなどが不明である。
(136)「中央関於転発華東局三反報告的批語和復電」(一九五一年一二月二三日)『毛文稿』②　六一七―六一九頁。
(137)「中共北京市関於開展三反運動的情況和今後意見致中央華北局的請示報告」『回復期北京』一九七―二〇一頁。
(138)「中共中央関於在『三反』闘争中懲辦犯法的私人工商業者和堅決撃退資産階級猖狂進攻的指示」(一九五二年一月五日)『重要文献』③　一四―一六頁。
(139)注(121)に同じ。一月二一日の電報。
(140)薄一波の『回顧』(上　一七〇頁)によると、彼は上海の「五反」工作のために中央から派遣されたが、二月二五日に到着したときには、すでに上海の「五反」は実質的に始まっており、二〇〇人余りが逮捕され、資本家の自殺事件が四八件(三四人死亡)起きていた。
上海市档案館所蔵の次の档案は、当時の資本家達がこの運動に際していかに戦々恐々としていたか、その様子がよくわかる報告である。また時期ごとの自殺者数の統計も含まれている。「上海市工商行政管理局関於四反五反運動的情況報告(一―一九期)」(一九五二年)B一八二―一―三七二、「上海市工商行政管理局五反運動情況(二〇―八五期)」(一九五二年)B一八二―一―三七三。
(141)「中央関於五反中対各類資本家的処理意見的指示」(一九五二年三月一五日)『毛文稿』③　二一二―二一四頁。

終章　建国初期の再検討

序章で提起した問題に答えながら、これまで述べてきたことを簡単にまとめたい。

第一節　「国民経済回復期」とは

中華人民共和国の建国時の方針は、当面は新民主主義的政策をとり、資本主義経済を利用して経済発展をはかるというものであり、早期の社会主義への移行やその具体的段取りなどはまったく考えられていなかった。五〇年春に景気が急激に後退した際、「公私調整」政策をとり、私営経済へのテコ入れを行ったこと、六月の三中全会で毛沢東が社会主義は「遠い将来」と表現したことに、そうした当時の政策と方針が如実に現されている。

ところが朝鮮戦争が勃発し、それに中国が参戦することにより、国内情勢および国際環境は大きく様変わりし、政策と方針の転換を余儀なくされる。まず、朝鮮戦争の勃発は、中国の景気回復を促進した。特需によって市場が活況をとりもどし、中国経済は五〇年夏以降、回復基調となる。それから参戦決定と同時に、市場の安定化や重要物資の掌握を目的とする経済統制が強まっていった。その端緒は金融の安定化であった。参戦前後の物資買付に端を発した、金融危機への対処として、一時的に公的資金を凍結し、その解除後には、春以来の現金管理を拡大した通貨管理の強化をすすめた。公的資金を管理する人民銀行は、五一年には、民間業務にも積極的に進出し、私営金融業との競争が熾烈になっていった。これが後になって、私営金融業は国営経済の指導をうけいれなかったと糾弾される一因となった。

重要物資である綿製品については、五〇年一一月に市場管理を開始したが、五一年には、管理をさらにすすめて統一買付（統購）を実施した。政府は従来の委託加工にくわえ、統購を実施することによって、民間の綿製品の流通を掌握することになる。私営の紡織工場にとっては、原料と販売先を政府におさえられ、政府からの加工賃が利益を大きく左右することになった。加工賃は必ずしも企業の利益を保証するものではなかったので、企業は利益をあげるために各種の不正手段を使うようになり、これが「五反」のときに糾弾される。

五一年に発動された「反鎮」や「三反」・「五反」といった大衆運動は、企業における政府と党の支配を、促し強化する役割を果たした。とくに私営金融業では、「五反」運動を契機に公私合営化が急速にすすんだ。紡織業では「五反」運動以後、不正行為の道が閉ざされ、早期の公私合営化を望むようになる。各種大衆運動の発動と展開は、企業内部・末端にまでおよび、企業内の党や労組組織の樹立・強化につながり、企業は外部からだけでなく、内部からの厳しい監督をうけることになった。

このように「回復期」は、戦争と参戦を契機として、社会経済状況に大きな変化が生じた時期であった。それは、たしかに経済回復を果たした時期であったが、その後の社会主義化との関連からみて、建国時の構想が転換され、戦争を契機とした社会経済の再編へと一歩踏み出した時期であったことを重視すべきであろう。「回復期」とは、つまり「朝鮮戦争を契機とした社会経済の再編期」であった。こうした変化・再編を促進した政策転換は、五一年に開かれた二度の政治局拡大会議によって大きく方向付けられた。一度目は二月で、この会議以降、戦争の長期化を視野にいれ、本腰をいれた戦時体制の構築がめざされる。そして「内なる敵」への警戒心が高まり、都市における「反鎮」が本格化・過激化した。二度目は一〇月で、このときの会議は、戦線の膠着や停戦交渉の開始などを背景に、国内体制のひきしめと立て直し、工業化の促進（とくに重工業に重点）が提起された。それは「精兵簡政・増産節約」という方針に集約されるが、この方針にもとづき、五一年年末から「三反」・「五反」運動が展開されたのである。

第二節　大衆運動の再検討

（一）「反革命鎮圧」運動

これまでの研究では、「反鎮」の発動について、朝鮮戦争勃発後の国内における「反革命分子」の活動の活発化という前提から出発していた。しかし、そうした「反革命分子」による破壊工作の事実は、都市部ではほとんど確認することができない。運動発動直後の人々の一般的反応は「反革命分子」などいない、というものであった。こうした意見は、麻痺思想の現れとして批判にさらされたが、「反革命分子」の罪状のほとんどが過去のものであることからみて、一般の人々の反応の方が現実に即したものであったと思われる。変化したのは、実際の状況ではなく、共産党指導部の認識であった。「反革命分子」に対する処分の厳罰化の契機になった指示が参戦と同じ五〇年一〇月に出されたことは、認識の変化と中国参戦との関係をよく示している。そうした状況下で「内なる敵」を探しだし、闘争にかけていく大衆運動が発動された。一般の人々を幅広く参加させた「大張旗鼓」方式の大衆運動は、人々の認識や思考に大きな変化をもたらし、少数の人間を排除することで大多数の人々の団結を高めていった。最初の意図がどうであれ、「大張旗鼓」方式の運動は、結果として人々の結束を固めることに成功し、社会的統合を促し、政権の基盤を強めることになったのである。

（二）「三反」・「五反」運動

先にも述べたように、参戦を契機として中国経済は、統制がしだいに強化され、のちには戦時統制経済化していくが、当該時期には統制はまだ全面的なものではなく、市場経済が機能していた。というよりむしろ戦争特需から市場は一時的に活況を呈していた。統制の強化と市場経済の活況という両者の間の矛盾がしだいに明らかになっていくのが五一年であった。

政府機関や国営企業は国民党からの接収の際、大量の留用人員をかかえ、「三人前の飯を五人で食べる」状況となり、財政困難から福利厚生が未整備な状態であった。そのうえに、参戦後は戦争遂行のため経費削減が唱えられたため、各機関による自力更生的な「機関生産」の蔓延を招いた。

私営企業にとって政府は最大のお得意先であったが、戦争特需によって政府と企業との関係はより密接となり、それゆえに癒着も発生しやすい状況が生まれた。また統制が強かった紡織業などでは、企業の経営維持をかけて各種不正が行われもした。このように「三反」・「五反」で糾弾される「三害」・「五毒」の発生要因を検討してみるならば、ブルジョワジーが利益追求の本質をもつからでも、官僚が腐敗するのは当然だからでもなく、それらは、制度法令の未整備や統制経済と市場経済との矛盾など構造的なものであり、それが戦争を契機にいっそう拡大したものであったといえる。そうした矛盾は、五一年秋以後、増産節約による大規模建設が志向されるなかで、さらに顕在化した。しかし、中共はそれを政府職員や資本家などへ責任を転嫁し、糾弾することで解決をはかろうとした。「三反」・「五反」

運動もまた「反鎮」と同様の「大張旗鼓」方式で、社会全体をあげての大衆運動として行われた。その結果、政府や国営企業では、「不純」とみなされた幹部（多くは留用人員と知識人）が排除され、その代わりに運動に積極的に働いた人間が登用された。こうしたことを通じて党による思想統一と一元的支配が貫徹していく。私営企業における各種大衆運動の展開は、資本家に国営経済と労働者階級の指導に従わざるを得なくさせ、企業は社会主義改造を待つばかりとなった。

第三節　新民主主義から社会主義へ

この時期、経済体制に最も大きな影響を及ぼしたのが「三反」・「五反」運動である。この運動は、ブルジョワジーそのものの存在を攻撃したのではなく、あくまで「違法行為」や「汚職」を批判した運動であった。しかし、第三章でみたように、経済への統制が強まるなかで、商工業者は、違法行為によって経営を維持していた側面があり、「五反」運動以後、違法行為の道が閉ざされると、経営維持がいっそう困難となり、結局は公私合営化へつきすすむことになった。合営化後は、ほとんどの企業に党組織がつくられ、商工業界においても、党組織の網目がはりめぐらされたのである。激烈な大衆運動をへた後の公私合営化は、単なる半官半民企業ではありえず、企業内の勢力関係は、党あるいは労働組合に圧倒的に優位となったのである。

運動が激烈に展開される過程で、「ブルジョワジーの存在そのものが悪である」という認識も不可避的に発生した。こうした意見は、表向きは極左的言論として、毛沢東らによって批判されるが、「五反」運動を契機に私営経済の衰退・国営経済の優位が確立するなかで、毛沢東自身の認識も変化していった。「三反」・「五反」が終結しつつあった六月、毛沢東は以下のように述べている。「地主階級と官僚資本家階級を打倒したのち、中国内部の主要矛盾はすなわち労働者階級と民族ブルジョワジーとの間の矛盾であり、ゆえに民族ブルジョワジーをふたたび中間階級と呼んではならない」[1]。対ブルジョワジー政策は、「利用」（あるいは団結）から「改造」（あるいは闘争）へ、重点が移行しつつあったといえるであろう。

五二年九月、毛沢東は中央書記処で初めて社会主義への移行を提起したと言われており、その後五三年六月以降、毛が提起した「過渡期の総路線」が徐々に受容され、確定していった。長期にわたるはずであった新民主主義段階は、いつのまにか社会主義への移行期間と位置づけられ、急速に社会主義への道を歩むことになる。こうした社会主義への早期移行を選択する背景には、指導者とくに毛沢東の計画的経済建設についての自信があったように思われる。毛沢東は「三反」・「五反」終結後に以下のように述べている。「朝鮮の戦局は去年（五一年—筆者注）七月以降安定したが、しかし、国内の財政経済状況が安定するかどうか、あの時点では自信がなかった。以前は、ただ『物価が基本的に安定し、収支が均衡にちかづく』とだけ言っていたが、その意味は、物価はまだ安定できず、収支がまだ均衡していないということだった。収入が少なく、支出が多い、これが問題である。そこで、中共中央は九月に会議をひらき、生産増加・節約励行を提起した。一〇月、わたしは政協第一期全国委員会第三次会議でもまた増産節約を提起した。増産節約運動のなかで汚職・浪費・官僚主義がかなり深刻であることが暴露され、一二月に三反運動が展開し、つづいて五反運動が展開した。……以前、我々は国民経済が三年間で回復できるだろうか、と考えていた。二年半たってみると、経済がすでに回復しているのみならず、すでに計画的な建設を始めている」[2]。

こうした計画経済への自信をもとに、五三年から、第一次五カ年計画が実施され、この第一次五カ年計画の後半に、急激な社会主義改造が行われる。すでに述べてきたように、「三反」・「五反」運動を契機に、金融業ではすでに公私合営化がおわり、その他の私営企業もまた、公私合営化への道を歩んでいたため、改造は比較的容易であった。最も困難かつ重要な課題は、農業の集団化であった。本来はゆっくりと時間をかけて行われるはずであったが、五五年後半から一気呵成に行われた。急激な集団化を要請したのは、都市の食糧問題である。五三年からの大規模建設は、都市の人口を増大させ、都市に供給する食糧の確保が問題となった。政府は食糧の統制を実施するとともに、農村から食糧を効率よく調達するために、集団化を強行したのである。

ここで、「回復期」から第一次五カ年計画までの、社会主義体制への移行をまとめると次のようになるだろう。朝鮮戦争への参戦を契機として、米国と長期間にわたって戦うための戦時体制の構築が模索された。そのためには経済後進国の中国にとって、軍事力の強化だけでなく、国防力を支える経済建設を急ぐこともまた必要であった。つまり、戦いながら経済建設を行うという、非常に厳しい課題がつきつけられたのである。この課題をこなすために、国内のヒト・モノ・カネが総動員され、戦争と経済建設につぎこまれる。市場経済と統制経済との矛盾、能力をこえた急ピッチな建設がすすめられるなかで生じた矛盾を、政府は大衆運動によって解決しようとした。そうして発動された大衆運動は、当初の目的とは、異なる大きな作用を果たす。「ばらばらな砂」状態であった一般の人々を、共産党の指導を積極的に支持する「人民」として、まとめあげる作用である。こうして、朝鮮戦争にひとまず「勝利」することができ、社会経済の再編もすすめることができた。こうした基礎をもとに、五三年から本格的に大規模建設が行われるが、それもまた、米国との将来の戦争を想定した、国防を意識した経済建設であり、急ピッチで行わなければならなかった。そうした急激な工業化を支えるため、農業集団化が断行され、社会主義体制への移行が完成するのである。

こうしてみていくと、社会主義体制とは、まずなによりも、米国を意識した国防建設のためであり、「後進国における総力戦の態勢」(3)であったことがはっきりとする。それは当初より、明確な構想があって構築された態勢ではなかった。対応をせまられた現実の諸問題に対処していく過程で、選択された政策の積み重ねの結果であり、徐々に形成されていったものである。だからこそ、社会主義への移行過程は、複雑でわかりにくいものとなった。当時の指導者たちも、どれほど明確に認識していたかは疑問である。いずれにしても、建国直後に勃発した朝鮮戦争が、中国の社会体制に大きな影響をあたえたことは確かであり、中国の社会主義体制はその直接的産物といえるのである。

ただし、本書で明らかにしたところは、社会主義体制への移行の第一歩、基礎固めの段階でしかない。「回復期」に大きく方向づけられた、社会主義への移行が、その後の第一次五カ年計画期にいかに定着し、現実化していったのかは、今後の課題として残っている。また、本稿では、都市部の政策に重点をおいたため、都市部と広大な農村との関連は、すっぽりと抜け落ちてしまった。たとえば、第三章では、綿紡織業の統制が比較的順調に遂行された要因として、政府が原綿をおさえていたことを重要視しているが、実際に農村において政府が原綿をいかに調達していたのかという問題については棚上げにした。とりあえずは、土地改革によって、中共が農村部を国民党よりも確実に支配できるようになった点を指摘しておく。都市と農村の両者を視野にいれ、政策面および社会経済的な関連性を明らかにして中国の全体像を描くこと、これもまた今後の課題である。[4]

最後に、筆者の最も根底にある問題関心、中国の社会統合の問題について簡単にふれておく。

「社会主義」中国社会の特徴については、奥村哲[5]が「国家や集団が個々人を隙間なく掌握し、管理・動員する社会」、「一元的非自立的統合」である、とその本質を的確に捉え、また、社会学の立場からは楊麗君[6]が、私的領域が公的領域内部に呑み込まれた社会であり、国家が「公民権」の分配によって社会を細分化し、重層的等級構造を形成した、と説明している。これらを、足立啓二が明らかにした、伝統中国社会の王朝による緩やかな統合・支配のもとでの個別分散的特徴[7]と対比するならば、その変容過程、とくに社会統合の過程が課題として浮かび上がってくる。本書での大衆運動の検討を通じて、筆者は次のように考えている。五〇年代前半、朝鮮戦争参戦を契機として次々と大衆運動が展開されるが、それを梃子として分散的な社会が徐々に組織化されていく。出身・経歴・政治的態度によって「人民」と「人民の敵」を峻別するという、その運動の性質ゆえに、共産党を頂点とした重層的な擬似的「階級」社会が徐々に形成されていった、と。そうして五〇年代半ば、社会主義改造によって、新しい「階級」社会がいちおうの完成をみた。

今後、この仮説を実証していくうえで、当面二つの過程を明らかにしていくことを課題としたい。[8] 一つは、緩やかな統合・支配が社会の末端にまで浸透していく過程であり、もう一つは、政治と乖離していた基層社会および一般の人々がどのように政治に巻き込まれていったのか、庶民の政治化・組織化の過程である。社会の変容はさまざまな側面に複雑な形で現れるし、社会の末端にいけばいくほど、その複雑さは増すであろう。それらを描き出すためには、社会史的手法や女性史の視角など様々なアプローチが必要と思われる。

しかしながら、本書でみてきたように、建国初期における各種大衆運動の発動と、それへの大衆の参加が、「ばらばらな砂」状態に、以前とは異なるまとまりを与えたことは疑いがないであろう。国民国家化という文脈からみれば、大衆運動が中国の民衆を「人民」という名の国民につくりかえ、社会を統合していく大きな作用を果たしたと言える。

注

（1）「対『関於民主党派工作的決定（草稿）』的批語」（一九五二年六月六日）中共中央文献研究室編『建国以来毛沢東文稿』第三冊　一九八九年　四五八頁。

（2）「団結起来、劃清敵我界限」（一九五二年八月四日）中共中央文献研究室編『建国以来重要文献』第三冊　一九九二年　二九六―二九九頁。

（3）奥村哲『中国の現代史』青木書店　一九九九年　六頁。

（4）建国初期の農村社会の再編に関する最近の研究には次のものがある。田原史起『中国農村の権力構造』御茶の水書房二〇〇四年、鄭浩瀾「建国初期の中国における農民協会の『整頓』（一九四九—一九五二年）」『法学政治学論究』六二号二〇〇四年九月。どちらもこの時期の大衆運動の果たした役割を重視しており、その点は本書と同一の視角を有する。ただ前者は社会学的手法を用いているためか、歴史的考察に欠けている点が惜しまれる。詳しくは拙稿の書評（『史学雑誌』第一一四編第一号　二〇〇五年一月）を参照されたい。

（5）奥村前掲書　三三—三五頁。

（6）楊麗君『文化大革命と中国の社会構造』御茶の水書房　二〇〇三年、第二章。

（7）足立啓二『専制国家史論』柏書房　一九九八年。

（8）著者はこの課題を解くひとつの試みとして、国際シンポジウム「一九四九年前後の中国：その政治・経済・社会構造の断絶と連続」（二〇〇四年一二月一一—一二日　明治大学リバティータワー）において、「人民共和国建国初期の大衆運動と都市基層社会」と題する報告を行った。この報告は支配・統合の末端への浸透過程と庶民の政治化・組織化の過程を、基層政権建設の過程と街道組織の形成過程を検討することで明らかにしようとしたもので、各界人民代表会議の変質や「反鎮」のための冬防隊が居民委員会へ発展していく過程などに着目して論じた。詳細は補論を参照されたい。

補論　都市基層社会と大衆運動

はじめに

本書では、これまで政治や経済に焦点をあてて考察してきたが、ここでは建国初期の社会の変化について簡単な分析を行う。

一九四九年一〇月の人民共和国樹立は歴史上大きな意味をもつが、それによって社会が一変したわけではなかった。末端の社会の変化はつねに漸進的に進むのであり、「社会主義」中国の社会は、一九五〇年代前半の各種政策を通じて徐々に形成されていったのである。

「社会主義」中国社会の特徴については、奥村哲[1]が「国家や集団が個々人を隙間なく掌握し、管理・動員する社会」、「一元的非自立的統合」である、とその本質を的確に捉えている。また、社会学の立場からは楊麗君[2]が、私的領域が公的領域内部に呑み込まれた社会であり、国家が公民権（政治資源）の分配によって社会を細分化し、重層的等級構造を形成した、と説明している。こうした社会の特徴を、足立啓二が明らかにした、伝統中国社会の王朝による緩やかな統合・支配のもとでの個別分散的特徴[3]と対比するならば、その変容過程が課題として浮かび上がってくるであろう。本書でのこれまでの分析を通じて、著者は次のように考えている。朝鮮戦争参戦を契機として次々と大衆運動が展開され、それをテコとして分散的な伝統社会が徐々に組織化されていく。出身・経歴・政治的態度によって「人民」と「人民の敵」を峻別するという、その運動の性質ゆえに、共産党を頂点とした重層的な「階級」社会を徐々に形成していった、と。

この仮説を実証していくうえで、まず二つの過程を明らかにしていくことを課題としたい。一つは、緩やかな統合・支配が末端にまで浸透していく過程であり、もう一つは、政治と乖離していた基層社会および一般の人々がどのように政治に巻き込まれていったのか、という庶民の政治化・組織化の過程である。本稿では、それぞれを、基層政権建設の過程と街道組織の成立過程とおきかえて検討していく。

I　基層政権建設の過程：北京を中心に

1　街政権の樹立と撤廃：「解放」～四九年六月下旬

建国前夜、共産党は都市においても農村と同じく三級政権(4)の建設を試みた。この方式において、都市基層社会の管理や運営を行うのは、旧保レベルに建設された街政権である。街政権はつぎのように樹立された。まず、接管のために各保レベルに数名からなる工作組が派遣される。工作組は貧民への優待や清掃活動など住民の利益に即した活動を手始めに住民との関係を築いていき、その中で工作組に協力する積極分子を見いだす。同時に保甲制を弾劾するよう大衆に働きかけ、機運が高まったところで集会を開いて、保甲制の廃止と政権樹立を宣言した。街長は工作組長が上級より指名されることが多かったようであり、工作組が引き続き街政権内で中心的役割を担った(5)。街の下には、旧甲レベルに閭、その下に居民小組がつくられ、その長は住民の選挙で選ばれたというが、実質的な選挙が行われたかどうか疑問である。

ところが、北平・天津の街政権は樹立されてまもなく撤廃される。街政権の研究で先駆的業績のある小林弘二[6]は、その挫折要因として、農村の階級闘争方式を都市にもちこんだことを重要視し、その廃止の意味を、下からの大衆動員による政権建設方式の断念であると論じた。これに対して、戦時から平時への大きな流れのなかに位置付けて説明したのが、内戦期ハルビンの街政権を検討した大沢武彦の研究である[7]。これらの先行研究をうけて、街政権が戦時の大衆運動と結びついたものであり、運動を契機に政権を建設するという方式が、建国前夜に放棄されたという点を重視したい。

街政権を樹立するうえで保甲制打倒運動が必ず行われたが、それは内戦期の大衆運動のように激しいものではなかった。それには、都市の接管方針が大きく関わっていた。いくつかの都市を接管した経験から、共産党は、各機関や企業などをもとのまま接収管理することを方針としていた。保甲制については、制度は廃止するが、人員は悪質なものを取り除くほかは、暫時利用することにした。また、そもそも都市における保甲制は農村のそれとは異なり、保甲制が人民の経済生活に干渉することは少なかった。したがって、保甲制打倒を契機に政権を樹立しようと思えば、まず民衆が保甲制に恨みをもつよう教育・宣伝を行う必要があり、そうした根回しが足りず、逆に保甲長の「訴苦」になってしまったこともあった[8]。

こうして接管方針や都市における保甲制のあり方から、運動は大衆的な広がりをもたず、その結果、上から派遣された工作隊主体で政権を樹立したのである。内戦期のハルビンと異なり、北平・天津の街政権は、幹部主体で大衆との関係が築けていなかったと評された所以である[9]。民衆にとって外来者でしかない工作隊や街政権は、基層社会において各種福利工作を行った。それに対して、住民の大多数は好感を抱いたが、ただ共産党を「十分に理解していると は言えなかった」。住民はあくまで受け身であり、一部の積極分子をのぞいて、大多数は積極的支持には到らなかった。

六月三〇日、区政権を区公所に改変し、街政権を廃し、公安派出所を強化することが決定された。街政権が上にみたように実質的には政権ではなく、単なる行政サービス機関であったことからすれば、この措置は実態に名目を合わせたものといえる。工作組・街政権が行っていたサービスは、以後は派出所と区公所で分担することになった。[10] ただ区公所も簡素化され（各区四〇人程度から一八人へ）[11]、末端社会に関することがらは、もっぱら公安派出所に請け負わされた。警察業務はもちろん、戸籍管理も派出所に移管され、各種証明書の発行といった行政事務から、新聞や消火器の販売、映画上映などといったものまで行っていた。[12] 彭真が「公安局派出所は大衆と密接に連携し、直接市民に奉仕する機関となるべきである」[13] と述べているように、住民に最も近い組織として公安派出所は期待されたようである。ただ、政権機構の再編のなかで行政組織の簡素化・人員削減が行われ、公安系統は一、六四八人増員されたものの、行政系統では四、四一〇人の削減[14] が行われており、人数面だけで考えても街政権時期より手薄になっている。少人数で多数の住民に向き合わされた区公所と派出所は、日常の事務に忙殺されることになり、住民への積極的働きかけなどは到底できなかったし、また要請されてもいなかったと言えよう。その後、末端行政の必要性から区レベルの強化がはかられ、区政府が復活するものの、それは政権ではなく、市政府の派出機構であると位置付けられた。

都市の事情と接管方針により、「解放」初期に模索した下から政権をつみあげていく方式はすぐに挫折し、放棄された。行政の末端として派出所が旧保レベルに設置されるが、その作用は治安維持と各種サービスの提供にとどまった。この段階において、末端への統治の浸透度合いは、「解放」以前とさほど変化がなかったと思われる。しかし、国民党と共産党の統治の大きな差異は、人民を組織化しようとする志向である。街政権方式を放棄したのち、共産党は労働組合や青年団・婦女連などの各種人民団体を通じて人民の組織化を推進していく。また同時に、つぎにみる各界人民代表会議を通じて人民との連携をはかろうとした。

2　各界人民代表会議

共産党は都市工作における中心的弱点を、大衆との連携不足にあると考え、その克服のために人民代表会議を召集することを指示した。ただし、都市にほとんど基盤がないことから、正式な人民代表会議を開催することはできないとして、当面、各団体の代表を集めた各界人民代表会議（以下、人代会）を開催することにした。街政権廃止と同時に人代会の召集が「極力提唱・督促」され、北平市では四九年八月に第一回の会議が召集された。街政権方式が放棄されたのち、政権建設とは人代会召集を指すようになっていく。人代会代表は各団体からの推薦と政府による招聘であり、基本的に産業・業種ごとの選出で、居住区を単位としないことになっていた。[15]だが、五〇年二月に、区人代会の召集が決定されると、これには街道居民（組織に属さない住民）の代表も参加することになった。いくら労組などの団体を主体とする方針であっても、人口の過半数を占める無組織の住民を無視するわけにはいかなかったのだろう。とはいえ、末端の住民は選挙にそれほど関心をもっていない。そこで、選挙活動および広報活動は大衆の生活に影響を与えない程度に抑制され、投票も世帯ごとで行うような簡便な形式が採用された。このように基層社会に政策が十分浸透していない段階で選出された代表が、どれほど大衆の信任を得ていたかは疑問である。結局、代表になったのは、従来からの顔役的な人間や積極分子などであった。この段階では基層社会自体の変化はほとんど見られないのであるが、四九年から五〇年にかけて積極的に人代会が召集されたことから、中国の実情にあわせた民主的国家を建設しようという共産党の意図が強く感じられるのである。ただし、五一年に「反鎮」運動が本格化するにともない、人代会は変質していくことになる。

まず、人代会の議題からみてみよう。人代会はもともと二つの役割をもつ。政策を末端に伝達しその遂行を助けることと、大衆の各種意見を提出することである。大衆にとっては後者の点が重要であるし、政府もまたこの点を重視していた。しかし、「反鎮」運動以降、人代会は明らかに前者の面が強くなる。まず、会議召集以前に、そのときの政策課題を反映した中心議題が決められるようになった。五〇年末と五一年二月に開催された人代会の中心議題は反鎮運動であったし、三月に召集された人代会協商委員会拡大会議は「反革命分子」の処刑にお墨付きを与える役割を果たし、三月二四日の市・区人代会拡大会議では一九九人の「反革命分子」が連行され大衆より告発されて死刑判決を受けた。つぎに選挙方法について。五一年初頭の第三期市人代会代表選挙以降、推奨されたのは「民主協商」を経て候補者をしぼるという、後に全人代選挙で用いられる方法であった。[16] この方法では、候補者をしぼる段階が実質的選挙の意味をもつが、その際、選挙工作として政策宣伝や学習が行われ、政策に合致した人物が選ばれるようになる。五一年と五二年の選挙は、「反鎮」・「三反」運動と結合し、代表メンバーの大幅な交替がおこった。保甲長も含め「解放」前からの有力者が、大衆運動と結合した選挙運動の過程で篩いおとされ、多数の積極分子が抜擢されたのである。

こうした変化は、朝鮮戦争参戦による政府の方針転換に起因する。五一年二月の政治局拡大会議はこうした転換を決定する非常に重要な会議であった。このとき、都市工作に関しては、「党委の指導を強化し、七期二中全会の指示を実行する」[17] と指示されている。なぜ、直近の七期三中全会ではなく二中全会なのか。二中全会での毛沢東の報告は、階級闘争を強調したものであった。都市の接管にあたり、一時は放棄した階級闘争方式への回帰、戦時への回帰を指示したものと考えてよいであろう。

Ⅱ　街道組織の形成過程：上海を中心に

1　各種福利組織

前節でみたように、街政権方式が挫折してから、大衆の組織化は労組やその他の団体を通じて推進すること、政府と大衆の架け橋として人代会を召集することが推進されていった。しかし、組織に属さない地域住民も放置されていたわけではない。少しずつではあるが、街道組織への統合が進められていた。本節では、その発展過程を史料の関係から上海を例にみていく。上海では北平・天津の経験から、三級政権方式が当初より採用されず、各区の派出機構が工作幹部を街道里弄に派遣し、地域ごとの事情にあわせて工作を展開していった。とはいえ、大体事情は似通っていて、水道の使用を独占するボスとの闘争を行い、住民自身の水道管理組織をつくったり、清掃運動を展開して清潔衛生小組をつくったり、というのが多数を占めた。これらの組織は住民の利益に即したものであり、住民に歓迎されたであろう。ただ、水道や電気の管理を目的とするもの以外は、臨時的性格をもつ不安定な組織であった。例えば、五〇年一月、全市で清潔衛生運動が展開され、市に委員会、区に区委会が設置され、旧保レベルに衛生大組（一、四二五組）、旧甲レベルに衛生小組（一八、八二二組）が成立した。ちなみに「解放」時の保は二九三、甲は二八、五五三であったというから、この衛生小組の密度は一時的には非常に高かったと言えよう。ただし、こうした組織は時間がたつと弛緩し、知らぬ内に住民の福利会組織に衣替えすることもあった。街道居民の組織化は、着手されてはいたが、政策的任務を遂行するための限定的な組織にすぎなかったのである。

2　冬防隊から居民委員会へ

朝鮮戦争参戦後、街道居民の組織化に大きな進展がある。その画期的組織が冬防隊である。五〇年一一月、上海市は冬防時期に入り、全市各街道里弄での冬防服務隊の組織化が開始された。冬防は冬に多くなる窃盗や火事などを防ぐことを目的とした活動で、町内の見回りなどを行う。新種の活動ではないが、前年にはこうした組織化は行われていなかったし、その活動内容からみても、「反鎮」運動との関連が強かったと考えられる。市に冬防指揮部、区に冬防辦事処がおかれ、街道里弄に冬防服務隊を設立していった。約七割の里弄で冬防組織が成立し、従来の組織とは比較にならないほどの規模、組織体系をもつに到った。[18] まずは積極分子が担い手となって組織されたが、しだいに住民の広範な参加をみるようになった。冬防隊が住民に支持される契機となったのは、清掃活動などの奉仕活動である。湖北路迎春坊は、ならず者やこそどろが多く住み、ゴミだらけの老閘区で最も複雑で、最も汚い里弄と言われていた。五一年二月、上級のよびかけにより冬防隊二〇数名が大掃除を行った。住民も途中から参加し、冬防隊の活動をほめ讃えた。すると隊員は「冬防隊はゴミを片づけるだけでなく、同時に特務のろくでなしもきれいさっぱりにするのさ」[19]と答えた。この発言からわかるように、冬防隊の真の活動目的は、町内の「反革命分子」を摘発することであった。以下のような報道がある。悪覇の王の用心棒をしていた劉（埠頭の「領工」）は、先月、王が逮捕されたことを冬防隊分隊の張が密告したためと考え、張を殺害した。洋涇区では張のために六千人の追悼集会を開き、劉に死刑判決を行い、即日執行した。[20]

また、冬防隊は学習活動も行った。安遠路四五九弄のある冬防隊員は、「反鎮」に関する学習を受け警戒心を強めていたところ、同郷の者がたずねてきた。話をしているうちに上海に潜伏する悪覇特務とわかり、他の冬防隊員とともに派出所に通報し、すぐに逮捕できた。[21] さらに、冬防隊は住民の生活に幅広く関与していくようになる。江寧路四〇一弄のある住民が、ばくちですって帰宅後、妻に暴力をふるった。近隣のものがこれに憤り、冬防隊に報告し、批判大会をひらいた。夫は反省文を書き、住民による教育に感謝した。[22]また、合肥路光明邨の住民は、「光明邨は冬防小組ができてから気風がまったく改まった。清潔に気を配り、盗みがなくなり、住民に紛争があれば冬防小組が調停し、でこぼこ道が修繕され」[23]た、と述べている。

冬防隊が画期的なのはそのメンバー構成である。従来の街道組織（清潔小組など）では旧保甲長や経営者などが多く指導的立場についていたが、「反鎮」は旧来の勢力を粛清する運動であったため、旧保甲長などに冬防隊の中心的役割をもたせないことになった。また積極分子についても、その活動動機が、目立ちたい、就職のため、過去の罪を償うため、人民に奉仕したい、など様々であるとし、[24]この時期以降「不純」な積極分子の淘汰が行われた。こうして労働者およびその家族を中心的担い手とした冬防隊が、従来の顔役やごろつきなどを打倒することで、末端社会の様相が大きく塗り替えられていった。

五一年四月、一、五六一人の代表が参加した街道里弄居民代表会議が開催され、冬防隊を居民委員会に改組することが決定され、六月市政府は正式に冬防隊を廃止した。冬防辦事処は区政府派出人員辦事所となり、街道には居民委員会（以下、居委会）と同時に「反鎮」を専門とする街道里弄粛反委員会が組織されることになった。こうして五一年夏以降、冬防隊が居委会へと衣替えしていく。五二年夏頃には、居委会が二、五四八、その前段階の準備委員会が一六四、委員三四、〇〇〇人余り、三二四万人余りの人口、八千本あまりの街道里弄を包括し、区人口の七割、街道里弄の八割におよんだ。[25]さらに、五二年一一月には、全市で三、八九一の居委会が成立し、街道里弄の九割、八五％の市区人口を網羅するにいたり、この時点で、居住区を単位とした基層社会の組織化がほぼ完成に近づいたといえる。一方、労組や婦女団体などの組織化も同時並行的に進んでいたのであり、五三年から実施される人民代表大会の代表選挙も、こうした社会の組織化を前提としていたと思われる。

しかし、居委会の設立だけをもって社会の組織化は測れない。居委会が実際に住民を把握管理でき、動員できるようになっていたかどうかが問題となるであろう。この問題を考えるさいに、つぎにみる読報組の活動が注目に値する。

3　読報組

五二年に調査・作成された街道組織に関する報告[26]では、典型地区に選ばれた宝裕里において、冬防隊は活発であったが、居委会になってから活動が停滞していると述べられている。この報告ではその理由として、上級からの指導や支援がなくなったことをあげ、今後は辦事処の幹部を通じて区の指導を強化すべきであると主張している。その後、街道組織を直接指導する機関として街道辦事処が成立するが、上からの指導だけに頼るのでは限界があるだろう。指導を強化する一方で、下からの組織の充実化が図られなければならない。それは末端で政策を遂行する積極分子の育成であり、また、その他一般大衆の団結を強め、政府への積極的支持を得ることである。読報組はそうした役割を相当程度果たしえたようにみえる。

読報組という組織は、数十人から百人以上のグループが定期的に集まり、新聞記事を題材とし、時事を学習したり討論したりする組織である。五一年頃から組織されていたが、ひろく普及するのは「五反」運動中である。常熟区では「五反」運動を境に一七から二四七に増加し、蓬莱区では二千組余り二万人以上が参加するようになった[27]。嵩山区第五派出人員辦事処轄区では、四月下旬、運動の意義と政策を理解させるために各里弄に成立をよびかけたという[28]。各地とも上級からの何らかの指導があって成立を促されたのであろう。

本来は「五反」運動の政策宣伝のためであったが、読報活動の浸透によって、住民の団結が強化され、里弄工作の展開を大いに助けたと、しばしば報道されている。長寧区の典型試験地となった江蘇路中一村の幹部と住民は、「わが里弄の工作が比較的順調なのは読報組の基礎があるから」と口をそろえた。一七二世帯、九〇〇人余りが居住する同地域は、以前は「成分が複雑」で、住民は互いに関わりをもたず、話をすることもほとんどなかった。五一年九月に区第三派出人員辦事処のよびかけに応じて読報組が六組成立し（参加者一一九人で九割が主婦）、その後、八カ月間、毎週一度とぎれることなく実施された。居委会は日曜に、読報組の中心小組は月曜に開催され、居委会での決定が翌日、中心小組を通じて住民に伝達された。[29]冬防隊と同じく読報組もまた住民の様々な問題を解決する手段となった。石門一路華順里では、読報組の長所として住民の意見をくみあげることができる、という点をあげ、意見を出せて問題が解決できると評判になり、参加者が増えたと報じられている。[30]定期的に開かれる読報組は、生活全般の問題を住民間で話しあう機会を提供したのである。また、従来、組織化が難しかった階層の人々をも吸収することに成功している。たとえば、商店の学徒（見習い）や独立経営の手工業労働者、露天商なども各自でグループをつくり読報活動を行った。庶民むけに分かり易く楽しめるような工夫も行われており、週に一度集まって新聞を読んだり、内容を読み聞かせしてもらったりすることは、庶民にとって比較的受け入れやすい政治活動（あるいは余暇）であったと思われる。さらに「五反」運動という激動のさなかで、何が起きているのか、どう行動すべきかという情報を得ることは、一般大衆にとっても必要であっただろう。

こうした活動を通じて、住民間の団結が強まり、居委会による住民把握も強化されていったと思われる。しかし、一方で政策を宣伝し、遂行するための組織という性格が強まることにもつながった。居委会は確かに住民の生活問題を解決するという「自治」組織の面ももつのだが、同時にその誕生・発展の過程において、必然的に行政の手足としての性格を付与されていたのである。

4　街居制へ[31]

これまでみてきたような、街道組織の成立と発展過程は、都市によって名称は異なるし、若干時期のずれも見られるが、おおよその流れは変わらないだろう。上海は比較的早期に居委会が成立した都市であり、この経験が他都市に生かされていったといえる。五三年六月八日、彭真は、毛沢東と中共中央へあてた報告で各都市でばらばらな街道組織を整頓し、街道辦事処と居委会を設立するべきであると述べている[32]。五四年一二月三一日、全人代において「城市街道辦事処組織条例」が決議され、これに依拠して、全国的に街居制が整備されていった。

おわりに

以上、社会主義中国社会の特徴である国民の一元的非自立的統合がいかに形成されたか、という問題を、基層政権建設と街道組織建設の両面から考察した。

基層政権建設の過程からは次のようなことが分かった。建国前夜に大衆運動方式の政権建設を放棄したこと。その後、人代会を整備して中国の実情に適った民主的政権をつくっていこうとしていたこと。しかし、「反鎮」運動以降、大衆運動方式への回帰がおこり、政治動員のための人代会へと変質していき、代表選挙も「反鎮」などの大衆運動と結合し、選挙自体が大衆運動化していった。こうして大衆は選挙に参加しない自由、政治に参加しない自由をなくしていくのである。

街道組織は「反鎮」を契機に組織化が加速された。冬防隊から改組された居委会は、保甲組織と同じく居住地区単位で住民を把握・管理する組織であるが、その浸透度合いは保甲組織にくらべ格段と強まった。「反鎮」、「三反」・「五反」といった大衆運動の過程で、ばらばらであった地域住民が、強力に組織化されていった。社会主義改造が進むにつれて、住民把握は単位制が主体となっていくが、本来組織化しにくい人々を漏らさず統治に組み込んだという点、さらには無組織の人間を単位制に送り込む役割を果たしていった点などから、建国初期において街居制は単位制以上に大きな役割を果たしたと言えよう。

●注

(1) 奥村哲『中国の現代史』青木書店　一九九九年　三三二―三三五頁。
(2) 楊麗君『文化大革命と中国の社会構造』御茶の水書房　二〇〇三年、第二章。
(3) 足立啓二『専制国家史論』柏書房　一九九八年。
(4) 農村では県・区・村に、都市では市・区・街にそれぞれ政権を樹立する方式。
(5) 馬句「摧毀保甲制度　建立人民政権」中国人民政治協商会議北京市委員会文史資料研究委員会編『北京的黎明』北京出版社　一九八八年。
(6) 小林弘二『中国革命と都市の解放』有斐閣　一九七四年、第三章Ⅱ。
(7) 大沢武彦「内戦期、中国共産党による都市基層社会の統合」『史学雑誌』第一一一編第六号　二〇〇二年六月。
(8)「北平人民政府接管工作総結」（一九四九年五月一日）『北京市重要文献選編』(一)（以下、『重要文献』と略記）中国档案出版社　二〇〇一年、五〇二頁。
(9) 楼邦彦「論城市的政権組織形式」『観察』六巻四期　一九四九年一二月。
(10)「中共北平市委関於区街政権機構派出所改造問題的総結報告」（一九四九年八月）『重要文献』(一)　六九四―六九七頁。
(11)「北京市人民政府民政局関於三年来区人民民主政権建設工作総結報告」（一九五三年三月九日）『重要文献』(五)　二〇〇二年、九四―一〇三頁。
(12)「北京市人民政府研究室関於市区政権組織機構的情況」（一九五〇年六月二四日）『重要文献』(二)　二〇〇一年、二七一

—二七四頁。
(13) 彭真「在北京市第二届第二次各界人民代表会議上的総結報告」（一九五〇年二月二七日）『重要文献』（二）一一六—一二二頁。
(14)「中共北平市委関於各機関編制情況給華北局的報告」（一九四九年七月二〇日）『重要文献』（一）五八七—五八八頁。
(15) 高崗「各地人民代表会議的総結」『新華月報』一—三、一九五〇年一月　六一七—六一八頁。
(16) 呉晗「関於北京市第三届各界人民代表会議代表選挙工作的報告」（一九五一年二月二六日）『重要文献』（三）二〇〇一年、一〇八—一一二頁。
(17)「中共中央政治局拡大会議決議要点」（一九五一年二月二八日）『建国以来重要文献選編』（二）中央文献出版社　一九九二年、四一頁。
(18) 朱国明「上海：従廃保甲到居民委員会的誕生」『档案与史学』二〇〇二年二期。
(19)『新聞日報』一九五一年二月一三日。
(20)『新聞日報』一九五一年五月二二日。
(21)『新聞日報』一九五一年六月一三日。
(22)『新聞日報』一九五一年六月一一日。
(23)『新聞日報』一九五一年七月一一日。
(24)「上海街道里弄組織工作総結—建国初上海社区組織史料選（一）」『档案与史学』二〇〇一年五期。
(25)「上海市街道里弄居民組織工作情況総結—建国初上海社区組織史料選（二）」『档案与史学』二〇〇一年六期。
(26) 同右。
(27)『新聞日報』一九五二年五月一八日。
(28)『新聞日報』一九五二年五月一九日。
(29)『新聞日報』一九五二年五月二四日。

（30）『新聞日報』一九五二年六月一七日。
（31）街居制は小林弘二氏の表現。小林弘二『ポスト社会主義の中国政治』東信堂　二〇〇二年、第三章参照。
（32）彭真「城市応建立辦事処和居民委員会」（一九五三年六月八日）『重要文献』（五）一九三―一九五頁。

あとがき

本書は、二〇〇三年九月に東京都立大学人文科学研究科から学位を授与された博士論文「中華人民共和国建国初期の大衆運動と社会主義体制の成立基盤」に若干の加筆修正を行い、さらに補論を付け足したものである。本書のもとになる論文の初出は以下の通り。

第一章
「中国の社会主義化と朝鮮戦争――大衆運動を梃子とした総動員態勢の構築」『歴史学研究』増刊号七五五号　二〇〇一年一〇月

第二章
「中華人民共和国建国初期の金融政策――金融業の社会主義改造」『立命館言語文化研究』第一三巻四号　二〇〇二年二月

第三章
「中華人民共和国建国初期の国家による物資掌握過程――綿紡織業における大衆運動の展開を中心に」『歴史学研究』七九三号　二〇〇四年一〇月

第五章第二節三

「新中国建国初期の対民営企業政策――『民主改革』・『三反五反』運動と汽船会社の公私合営化」『社会経済史学』第六六巻第四号　二〇〇〇年一一月

補論

「人民共和国建国初期の大衆運動と都市基層社会」『国際シンポジウム報告集　一九四九年前後の中国：その政治・経済・社会構造の断絶と連続』二〇〇四年一二月

既発論文の多くは、活字になる以前、学会・シンポジウムで報告する機会を与えていただいた。第一章は二〇〇一年五月、青山学院大学で開催された歴史学研究会大会現代史部会「共同化・社会化への模索――一九五〇年代社会論三」において、第二章は二〇〇一年二月、立命館大学で開催された「現代中国の経済・文化・社会の発展と交流」シンポジウムにおいて、そして第三章は二〇〇二年一〇月神戸大学で開催されたアジア政経学会全国大会の自由論題報告においてである。また補論の内容は、久保亨先生（信州大学人文学部）が代表をつとめられた科研費研究プロジェクトの一環で、二〇〇四年一二月に開催されたシンポジウムで報告させていただいた。それぞれの報告に際しては、報告者およびフロアーから有意義なご質問・ご指摘を多数いただき、参考にしたことを記しておきたい。

著者が中国に関わることになったのは、大阪外国語大学の中国語学科に進学してからである。幾度目かの日中友好ブームに乗せられ、何の根拠もない「これからは中国」という安易な考えで人生を決定してしまった。しかし、このときの選択を後悔したことはない。中国に対する興味関心は、中国語から歴史、経済へ最近では映画や芸能へと広がっているが尽きることはなく、これからもずっと中国に何らかの形で関わっていきたいと考えている。大阪外国語大学では西村成雄先生のゼミに所属し中国史の世界へ招待していただいた。決してできのよい学生ではなかったし、卒業後はご無沙汰ばかりしているが、研究会などでお会いすると暖かく声をかけていただき、大変有り難いと感じている。西村先生から勧められて進学した東京都立大学の人文科学研究科では奥村哲先生に師事した。中国語学科出身で歴史学の基礎がほとんどない著者に対し、中国近現代史の研究方法を初歩から手ほどきしていただいた。本書を一読すればすぐにわかると思うが、本書は奥村先生の著作『中国の現代史』が描いた中国現代史像・中国社会主義体制論に負うところが大きい。もちろん本書の記述はすべて著者自身の責任によるもので、過ちや論理の展開不足などの欠点は、恩師のおふたりには全く関係がない。

著者が奥村先生の議論をさらに深め、新しい中国現代史を自分なりに描き出そうとしたとき着目したのは、建国後つぎつぎと展開された大衆運動である。建国後の大衆運動を、一昔前のように中国民衆の革命的行為の表出であるとか、党や指導者への熱狂的な支持表明とみなす理解はもはや存在しないであろう。文化大革命の実像が明らかになり、社会主義体制の不合理や非人間的側面が広く認知されている現在、大衆運動は大衆の自発的運動ではなく、上から指導されやむを得ず参加した「大衆巻き込み運動」であったということはすでに明らかである。それでもなお、というよりもそれだからこそ、当時の大衆運動の実態をより詳しく知りたいと考えた。指導者たちは当時何を目的として、各種の大衆運動を発動したのか。従来説明されているような建前の目的ではなく、本当のねらいはどこにあったのか。大衆運動によって何が変化したのか、しなかったのか、民衆たちは大衆運動にどう対応していったのか。五〇年以上が経過したいまようやく実証的研究がスタートできるのではないかと考えている。

博士論文を書き上げた後、個人的理由から研究面において、長らく「開店休業」状態が続いていた。そのため、論文提出後に発表された、あるいは入手した研究の内容にはほとんど触れていない。抜き刷りや著作を贈っていただいた方には義理を欠いていると思うが、お許し願いたい。また、この「長期休暇」の間、ふたりの恩師そして研究会等で暖かいコメントを寄せてくださった諸先生・先輩方には合わせる顔がない、と心苦しく感じていたのだが、本書の出版によって、心の重荷が少しだけおろせた気分である。

ただし不正確な部分や未熟な部分が多いであろう本書には、批判もたくさん寄せられることになるだろう。それを覚悟しながら、本書の出版を機に、ふたたび中国史研究の道に戻り、少しずつでも前進していきたいと思う。

なお本書が出版できるのは、独立行政法人日本学術振興会の平成一九年度科学研究費補助金（研究成果公開促進費・学術図書）の交付を受けたおかげである。その補助金申請に際して、暖かい励ましとアドバイス、さらには出版作業に関する多大な労力を惜しまず費やしていただいた御茶の水書房の小堺章夫氏に心から感謝の意を表したい。
また、奥村ゼミの後輩のふたり、著者の苦手な校正を手伝ってくれた天野祐子氏、博論提出や論文発表など事あるごとに貴重なアドバイスをくれた三品英憲氏にあらためて感謝したい。このほかにも多くの先生方・先輩方に教えられ支えられてきたお陰で現在の自分がある。一人一人のお名前はあげられないが、ここに謝意を表したい。本書の出版によって、ほんの少しでも恩返しできるならば幸いである。

二〇〇七年八月

泉谷陽子

人 名 索 引

事 項 索 引

あ

か

さ

た

な

は

ま

や

ら

参考文献

（本文で直接参照あるいは言及した文献のみをあげる）

A：定期刊行物

『人民日報』1950～52年『解放日報』1950～52年
『天津日報』1951～52年『工人日報』1950年～52年
『新華日報』1951～52年
『中国紡織』1951年『紡織建設』1951年『新華月報』1950～53年
『中国工人』1950年
『人民手冊』1955年版

B：日本語

浅野亮「中国革命の『剿匪』と『反革命の鎮圧』活動（1949―1951）」『アジア研究』第39巻第4号　1993年。

足立啓二『専制国家史論――中国史から世界史へ』柏書房　1998年。

石川滋「『五反運動』の性格について」『一橋論叢』第32巻第4号　1954年10月。

泉谷陽子「新中国建国初期の対民営企業政策――『民主改革』・『三反五反』運動と汽船会社の公私合営化」『社会経済史学』第66巻第4号　2000年11月。

泉谷陽子「中国の社会主義化と朝鮮戦争――大衆運動を梃子とした総動員態勢の構築」『歴史学研究』増刊号755号　2001年10月。

泉谷陽子「中華人民共和国建国初期の金融政策――金融業の社会主義改造」『立命館言語文化研究』第13巻4号　2002年2月。

泉谷陽子「中華人民共和国建国初期の国家による物資掌握過程――綿紡織業における大衆運動の展開を中心に」『歴史学研究』793号　2004年10月。

泉谷陽子「書評：田原史起著『中国農村の権力構造――建国初期のエリート再編』」『史学雑誌』第114編第1号　2005年1月。

泉谷陽子「人民共和国建国初期の大衆運動と都市基層社会」『国際シンポジウム報告集　1949年前後の中国：その政治・経済・社会構造の断絶と連続』2005年12月。

上原一慶「国民経済復興期における対資本主義政策」『歴史評論』第307・310号

1975年11月・1976年2月。

奥村哲『中国の現代史——戦争と社会主義』青木書店　1999年。

大沢武彦「内戦期、中国共産党による都市基層社会の統合」『史学雑誌』第111編第6号　2002年6月。

川井伸一「大戦後の中国紡織業と中紡公司」『愛知大学国際問題研究所紀要』97号　1992年。

久保亨「中国内陸地域の企業経営史研究Ⅰ—1920—30年代の民生公司をめぐって」『信州大学文学部　内陸地域文化の人文科学的研究Ⅱ』1995年3月。

グレゴリー・カザ（岡田良之助訳）『大衆動員社会』柏書房　1991年。

小嶋華津子「中国共産党と労働組合——建国初期の『工会』をめぐる論争」『アジア研究』第42巻第3号　1996年。

小島朋之『中国政治と大衆路線——大衆運動と毛沢東、中央および地方の政治動態』慶応通信　1985年。

小杉修二『現代中国の国家目的と経済建設』龍渓書舎　1988年。

小林一美「中国社会主義政権の出発——『鎮圧反革命運動』の地平」神奈川大学中国語学科編『中国民衆史への視座』東方書店　1998年。

小林弘二『中国革命と都市の解放——新中国初期の政治過程』有斐閣　1974年。

小林弘二『20世紀の農民革命と共産主義運動——中国における農業集団化政策の生成と瓦解』勁草書房　1997年。

小林弘二『ポスト社会主義の中国政治——構造と変容』東信堂　2002年。

金野純「建国初期中国社会における政治動員と大衆運動——『三反』運動と上海社会（1951—52年）」『アジア研究』第51巻第3号　2005年7月。

座間紘一「社会主義への移行と『三反』・『五反』運動」『講座中国近現代史7　中国革命の勝利』東京大学出版会　1978年。

朱建栄「中国と朝鮮戦争」山極晃編『東アジアと冷戦』三嶺書房　1994年。

田中恭子『土地と権力——中国の農村革命』名古屋大学出版会　1996年。

田原史起『中国農村の権力構造——建国初期のエリート再編』御茶の水書房　2004年。

鄭浩瀾「建国初期の中国における農民協会の『整頓』（1949—1952年）」『法学政治学論究』第62号　2004年9月。

土岐茂「中国の『三反』・『五反』運動にみられる矛盾と法」『早稲田大学大学院法研論集』第10号　1974年11月。

日本国際問題研究所中国部会編『新中国資料集成』第3巻　1969年。

古島和雄「国民経済復興期における統制政策とその性格」『社会科学研究』第20巻第

5・6合併号　1969年3月。

三木毅『中国回復期の経済政策――新民主主義経済論』川島書店　1971年。

三谷孝「反革命鎮圧運動と一貫道」『近代中国研究彙報』第26号　2004年3月。

毛里和子「中国の社会主義選択と国際環境」山極晃編『東アジアと冷戦』三嶺書房　1994年。

楊麗君『文化大革命と中国の社会構造――公民権の配分と集団的暴力行為』御茶の水書房　2003年。

C：中国語

薄一波『若干重大決策与重大事件的回顧』上　中共中央党校出版社　1991年。

北京市档案館編『国民経済回復時期的北京』北京出版社　1995年。

北京市档案館・中共北京市委党史研究室『北京市重要文献選編』1～5各巻　中国档案出版社　2001～2002年。

財政科学研究所編『十年来財政資料匯編』第一輯　財政出版社　1959年。

董志凱主編『1949―52年中国経済分析』中国社会科学出版社　1996年。

工人出版社編『中国工会第七次全国代表大会主要文件』同社出版　1953年。

何布峰「試論毛沢東与新中国工人階級和工会」『工会理論与実践』1993年6月、『復印報刊資料：工人組織与活動』1994年1月。

健盧「記盧作孚自殺経過」『四川文献』（台湾）第73期　1968年。

解放日報社編『上海解放一年』同社　1950年。

軍事科学院軍事歴史研究部『抗美援朝戦争史』第一巻　軍事科学出版社　2000年。

労働出版社編『上海工会基層組織改選工作点滴経験』同社出版　1951年。

李仲英「『三反』運動的回顧」『党史研究』1984年第5期。

楼邦彦「論城市的政権組織形式」『観察』6巻4期　1949年12月。

馬斉彬・陳文斌等編著『中国共産党執政四十年』中共党史資料出版社　1989年。

「上海街道里弄組織工作総結―建国初上海社区組織史料選（1）」『档案与史学』2001年5期。

「上海市街道里弄居民組織工作情況総結―建国初上海社区組織史料選（2）」『档案与史学』2001年6期。

王建初「論建国後工人運動的三次挫折」『史林』1994年4月。

王永璽主編『中国工会史』中共党史出版社　1992年。

許可主編『長江航運史（現代部分）』人民交通出版社　1993年。

徐廉明主編『万県港史』武漢人民出版社　1990年。

徐志高主編『重慶長江輪船公司史』人民交通出版社　1994年。
中共三江侗族自治県委員会党史辦公室編『三江剿匪紀実』広西民族出版社　1991年。
中共上海市委統戦部・中共上海市委党史研究室・上海市档案館編『中国資本主義工商業的社会主義改造・上海巻』下　中共党史出版社　1993年。
中共上海市委党史研究室編『歴史巨変1949—1956』1　上海書店出版社　2001年。
中共中央文献編輯委員会『陳雲文選（1949—56年）』人民出版社　1984年。
中共中央文献研究室編『建国以来毛沢東文稿』第一～三冊　中央文献出版社　1987～89年。
中共中央文献研究室編『建国以来重要文献選編』第一～第三冊　中央文献出版社　1992年。
中国工運学院編『李立三頼若愚論工会』档案出版社　1987年。
中国国際貿易促進委員会編『三年来新中国経済的成就』人民出版社　1953年。
中国人民銀行上海市分行編『上海銭荘史料』上海人民出版社　1960年初版　1978年再版。
中国人民銀行上海市分行金融研究室編『金城銀行史料』上海人民出版社　1983年。
中国人民政治協商会議北京市委員会文史資料研究委員会編『北京的黎明』北京出版社　1988年。
中国社会科学院・中央档案館編『1949—1952　中華人民共和国経済档案資料選編：金融巻』中国物資出版社　1996年。
中国社会科学院・中央档案館編『1949—1952　中華人民共和国経済档案資料選編：綜合巻』中国城市経済社会出版社　1990年。
中国社会科学院・中央档案館編『1949—1952　中華人民共和国経済档案資料選編：工商体制巻』中国社会科学出版社　1993年。
中国社会科学院・中央档案館編『1949—1952　中華人民共和国経済档案資料選編：労働工資和職工福利巻』中国社会科学出版社　1994年。
中国社会科学院・中央档案館編『中華人民共和国経済档案資料選編　1949—52年：工業巻』中国物資出版社　1996年。
中国社会科学院・中央档案館編『1949—1952　中華人民共和国経済档案資料選編：交通通訊巻』中国物資出版社　1996年。
『中国資本主義工商業的社会主義改造（中央巻）』上冊、中共党史出版社　1993年。
中華全国総工会辦公庁編『建国以来中共中央関於工人運動文件選編』上冊　中国工人出版社　1989年。
中華全国総工会編『中華全国総工会七十年』中国工人出版社　1995年。
中央財経領導小組辦公室編『中国経済発展五十年大事記』人民出版社・中共中央党

校出版社　1999年。
朱国明「上海：従廃保甲到居民委員会的誕生」『档案与史学』2002年2期。
左舜生「記盧作孚之死」『万竹楼随筆』沈雲龍主編　近代中国史料叢刊第五輯　文海出版社　1967年。

D：英語

Harry Harding “Organizing China : the Problem of Bureaucracy 1949-1976 ”, Stanford U.P., 1981.
John Gardner “ The Wu-fan Campaign in Shanghai : A Study in the Consolidation of Urban Control ” in Chinese Communist Politics in Action, edited by Doak Barnett, 1969.
Kenneth Liberthal “ Revolution and Tradition in Tientsin,1949-1952”, Stanford U.P., 1980.
Richard P. Madsen “ Mass Mobilization in Mao’s China” Problems of Communism vol.XXX., 1981.

E：档案資料（上海市档案館所蔵档案）

中共上海市国営紡織工業委員会「所属各廠『三反』運動中幹部受処分情況登記表」A47—1—79
中共上海市国営紡織工業委員会組織部「各国営・公私合営廠『三反』後提撥幹部情況統計表」A47—2—261
中国紡織品公司上海採購供応站編『紡織站1949至1956年加工訂貨統計資料彙編』（1957年12月）B122—2—614
上海紡織品採購供応站「上海市棉紡織印染工業　加工訂貨工作記要　1949—1956」B122—2—615
「上海市工商行政管理局関於四反五反運動的情況報告（1—19期）」（1952年）B182—1—372
「上海市工商行政管理局五反運動情況（20—85期）」（1952年）B182—1—373
「棉紡公司関於五反退款転作公股問題与財局交行等的来往出件」（1956年3月）B190—1—677
「上海市民政局関於里弄工作的綜合報告、調査報告和専題報告」（1951年）B168—1—765

著者紹介

泉谷陽子（いずたに　ようこ）

1968年　岡山県生まれ
1992年　大阪外国語大学中国語学科卒業
2001年　東京都立大学人文科学研究科博士課程単位取得退学
2003年　博士（史学）学位取得
現在　中央大学経済学部、早稲田大学政経学部などで非常勤講師

主要論文
「南京国民政府の水運業政策 ——招商局の国有化を中心に」『史学雑誌』第106編第4号（1997年4月）
「内戦期の経済ナショナリズムと国民政府 ——航行権擁護運動をめぐって」『アジア研究』第45巻第4号（2000年1月）
「新中国建国初期の対民営企業政策 ——『民主改革』・『三反五反』運動と汽船会社の公私合営化」『社会経済史学』第66巻第4号（2000年11月）
「中国の社会主義化と朝鮮戦争 ——大衆運動を梃子とした総動員態勢の構築」『歴史学研究 増刊号』755号（2001年10月）
ほか

中国建国初期《ちゅうごくけんこくしょき》の政治《せいじ》と経済《けいざい》——大衆運動《たいしゅううんどう》と社会主義体制《しゃかいしゅぎたいせい》

2007年10月10日　第1版第1刷発行

著　者　泉谷陽子
発行者　橋本盛作
発行所　株式会社 御茶の水書房
〒113-0033 東京都文京区本郷5-30-20
電話　03-5684-0751
組版／スタジオウィング
印刷・製本／（株）シナノ

Printed in Japan

ISBN978-4-275-00543-4　C3031

小島麗逸・鄭新培編著

中国教育の発展と矛盾

菊判／三二〇頁／本体五九〇〇円／二〇〇一年

世界最多の人口を、中国の発展への最大の資源とするために不可欠な「教育」。その施策の変遷・実態を私立学校や海外への留学生の帰国問題や都市・農村の教育格差などと共に報告。

ISBN978-4-275-01870-0

田原史起著

中国農村の権力構造

——建国初期のエリート再編

A5判／三一四頁／本体五〇〇〇円／二〇〇四年

建国当時の農村変革事業に参加した当事者へのインタビューと資料分析より、新解放区の郷・村レベルでの政権機構の形成過程を土地改革と地方・基層幹部の実態から解明した政治社会学。

ISBN978-4-275-00311-9

小林英夫・林　道生著

日中戦争史論

——汪精衛政権と中国占領地

A5判／三八四頁／本体六〇〇〇円／二〇〇五年

汪精衛はどのような経緯で「反蔣、反共、降日」になったのか。〈漢奸〉と呼ばれる道にはまり込んでいったプロセスと、その過程での日本政治との関わりあい、汪精衛政権の統治実態を検討。

ISBN978-4-275-01977-6

曽田三郎編著

近代中国と日本

——提携と敵対の半世紀

A5判／三五〇頁／本体六〇〇〇円／二〇〇一年

日中関係にとって二〇世紀とはどんな時代だったのか、近代中国が目標とした国民国家の形成に日本はどう関わったのか、提携の局面をも視野に入れ二〇世紀前半の日中関係を分析。

ISBN978-4-275-01855-7

光田　剛著

中国国民政府期の華北政治

——一九二八—三七年

A5判／三七六頁／本体六六〇〇円／二〇〇七年

満洲事変停戦から抗日戦争全面化までの華北における国民党体制下の国家建設がどのように進められたかを検討することで、国民政府期の「南京の十年」の国家建設の性格を照らし出す。

ISBN978-4-275-00541-0

石井知章著

中国社会主義国家と労働組合

——中国型協商体制の形成過程

A5判／五〇四頁／本体七八〇〇円／二〇〇七年

中国の政治協商体制において中心的な役割を果たしている労働組合（工会）を媒介にしつつ、政治協商体制をとりまく政治構造の全体像を国家と社会との関係論としてはじめて描き出す。

ISBN978-4-275-00519-9

李廷江著

日本財界と近代中国《第2版》

——辛亥革命を中心に

菊判／三二八頁／本体四八〇〇円／二〇〇三年

渋沢栄一と孫文との関係を中心に、日清戦争から民国初期に至る二〇年間の日中関係を、独自の対中経済活動を進めた日本財界の視点から分析し、日本の「大陸進出政策」の原型を解明する。

ISBN978-4-275-00306-5

殷燕軍著

中日戦争賠償問題

——中国国民政府の戦時・戦後対日政策を中心に

A5判／四七四頁／本体八〇〇〇円／一九九六年

日本の一五年戦争の相手国である中国国民政府の対日賠償政策の中身とその展開過程を解明。冷戦史観とは別に、中国の戦争被害状況等の新しい視点から問題を提起する。

ISBN978-4-275-01639-3

李恩民著

転換期の中国・日本と台湾

——一九七〇年代中日民間経済外交の経緯

A5判／三六六頁／本体六二〇〇円／二〇〇一年

日中国交正常化三〇年、はじめて明かされる日本・中国・台湾三者間の民間外交と経済外交の実像。日中関係と台湾問題を解読する新しい視座を提供する。**●第一八回「大平正芳記念賞」受賞**

ISBN978-4-275-01892-2

李恩民著

「日中平和友好条約」交渉の政治過程

A5判／二六四頁／本体四三〇〇円／二〇〇五年

日中平和友好条約の締結に至る六年間の外交交渉において「公式交渉と非公式交渉」「政界と財界」「政治判断と民衆運動」がどのように連動し条約の締結に影響を与えたかを実証的に分析。

ISBN978-4-275-00361-4

内山雅生著
現代中国農村と「共同体」
―転換期中国華北農村における社会構造と農民
A5判／二七八頁／本体六二〇〇円／二〇〇三年

伝統的農業慣行から「改革・開放経済」下の中国農村社会を解明する。戦前・戦中の『中国農村慣行調査』と現代の再調査から、農村社会の構造を「共同体」をキーワードとして分析。

ISBN978-4-275-01949-3

祁建民著
中国における社会結合と国家権力
―近現代華北農村の政治社会構造
A5判／四〇〇頁／本体六六〇〇円／二〇〇六年

戦前の「農村慣行調査」と現代の再調査に基づき、村落内における人々の間の結合関係（血縁、地縁、信仰や同業）を取り上げ、中国社会における深層の政治社会構造と国家の関係を分析。

ISBN978-4-275-00416-1

金美花著
中国東北農村社会と朝鮮人の教育
―吉林省延吉県楊城村の事例を中心として（一九三〇～一九四九）
A5判／四三〇頁／本体八〇〇〇円／二〇〇六年

満洲国成立以前から中華人民共和国成立に至る時期、植民地下にあった朝鮮人の国境を越えた移住と定着過程を「楊城村」とその周辺の朝鮮人農民の生活と教育状況から実証的に解明する。

ISBN978-4-275-00505-2

楊麗君著
文化大革命と中国の社会構造
―公民権の配分と集団的暴力行為
A5判／三九二頁／本体六八〇〇円／二〇〇三年

文化大革命における派閥分化と集団的暴力行為の発生要因を分析し、その後の改革開放期における国家建設と社会運動の形成に文革が与えた影響を政治社会学的に解明。
●第二一回「大平正芳記念賞」受賞
ISBN978-4-275-00301-0

張文明著
中国村民自治の実証研究
A5判／三九〇頁／本体七〇〇〇円／二〇〇六年

一九八〇年代から中国農村に導入された直接選挙を特徴とする村民自治制度の実施実態とその影響を分析。農村における〈静かな革命〉といわれる村民自治の「真の姿」を初めて実証的に研究。

ISBN978-4-275-00504-5